Eleanor M Will

O'r Tir i'r Tŵr

Charles Arch

**Gwasg
Gwynedd**

Argraffiad Cyntaf — Ebrill 2007

ISBN 0 86074 239 3

Mae'r cyhoeddwyr yn cydnabod cefnogaeth ariannol
Cyngor Llyfrau Cymru.

Cyhoeddwyd ac argraffwyd
gan Wasg Gwynedd, Caernarfon

Cyflwyniad

Wrth geisio dod â chyfrol arall i olau dydd, ni allaf lai na sylweddoli bod fy nyled yn fawr i nifer helaeth o bobol. I gychwyn, rwy'n ddyledus i Lyn Ebenezer wrth iddo unwaith eto, gyda'i grafftter arferol, drosglwyddo'r testun i'r ffurf angenrheidiol a thwtio tipyn. Diolch o galon hefyd i Gordon Jones am fod mor amyneddgar wrth roi'r drefn derfynol ar bopeth cyn ei gyflwyno i'r wasg.

Lle gynt roedd yn rhaid cydnabod dyled i'm bro enedigol, i'w chymeriadau ac i'w gwerthoedd bore oes, rhaid ymestyn gorwelion y tro hwn. Treuliais saith mlynedd ym Maldwyn, lle teimlasom fel teulu y mwynder chwedlonol hwnnw'n ein hamgylchynu. Hyd heddiw mae'r atgofion am Faldwyn yn felys yn y cof. Wedi hynny treuliais dymor byr yn ôl yn yr hen sir gan dderbyn o ffraethineb y Cardi, a hynny mor fyw ag erioed. Yna, pum mlynedd arall yn ôl ym Maldwyn yn nhref Machynlleth, cyn croesi'r afon Ddyfi i Bennal lle diflannodd y blynyddoedd wrth i mi gael fy nghynnal gan freichiau cadarn Meirionnydd wrth droed Cader Idris.

Bu'r holl symud yn fodd i gyfoethogi a chryfhau fy ymwybyddiaeth o ddarn helaeth o ganolbarth Cymru, a chyfrannu at fy natblygiad fel person. Ynghlwm wrth y datblygiad yma, yn sicr, mae'r deng mlynedd ar hugain a dreuliais yn sylwebu o ben y tŵr ar Faes Sioe Fawr Llanelwedd.

Diolch yn fawr hefyd i Mari'r wraig am ei hysgrifen ddestlus wrth iddi baratoi'r tudalennau a'u hanfon at Lyn i'w twtio a'u golygu, ac i Emyr Jones am lunio'r map. A diolch i Wasg Gwynedd am weld yn dda i ddod â'r gyfrol i olau dydd.

Hyderaf y cewch hwyl ar y darllen.

CHARLES ARCH

Cynnwys

Dros Bumlumon

A finne'n chwech ar hugain oed ac wastad wedi byw 'dan y bwa' – bwa hen abaty Ystrad Fflur – gweddnewidiwyd fy mywyd ar ôl i mi dderbyn swydd fel Trefnydd y Ffermwyr Ifanc dros Faldwyn.

Wrth lywio'r car am Gwmystwyth a thros Bumlumon am y Drenewydd, lleoliad y swydd, roedd gen i deimladau cymysg. Ar y naill law roeddwn i'n edrych ymlaen at swydd newydd a fyddai'n golygu gweithio gyda phobol ifanc. Her newydd. Bywyd newydd. Bro newydd. Ar y llaw arall roeddwn i'n cefnu ar dros chwarter canrif o ffordd o fyw. Gadael teulu a ffrindiau. Gadael bro. Gadael y tir. Gadael y ceffylau a'r defaid a'r ffermio. Gadael y mynyddoedd.

Yr hyn a wnâi bethau'n waeth oedd i mi basio drwy'r Drenewydd rhyw ddwywaith o'r blaen a dod i'r canlyniad ei fod yn dwll-tin-y-byd o le. Ond chwarae teg i'r dre, ni fu'n hir cyn gwneud i mi newid fy meddwl, yn enwedig wedi i'r teulu ymuno â mi yno.

Roedd y dre bryd hynny dipyn yn wahanol i'r hyn ydyw heddiw, yn llawer iawn llai, ac roedd nifer fawr o ddisgynyddion yr hen deuluoedd yn dal i gynnal busnesau yno. Pobol, er i'r rhan fwyaf golli eu Cymraeg, oedd yn garedig a chynnes ac yn awyddus i estyn croeso i newydd-ddyfodiaid fel ni.

Y peth cyntaf i'w wneud oedd mynd at y gwerthwyr tai

er mwyn gweld faint o dai, a pha fath o rai oedd ar werth yno. Ond yn bwysicach fyth, gweld sawl un oedd o fewn cyrraedd rhywun â phoced ysgafn. O chwilio'n ddyfal, dyma ddod o hyd i stad Tan-y-graig, stad gymharol newydd a safai ar lechwedd uwchlaw afon Hafren.

Yno, yn y gornel bellaf, safai byngalo bychan a hwnnw ar werth. Edrychai mewn cyflwr da ac wedi ei amgylchynu gan ardd. Enw'r byngalo oedd Rhossili, enw a gyrhaeddodd gyda'r perchnogion o'u cyn-gartref i lawr ar draethau Gŵyr. Gŵr a gwraig oedrannus oedd y perchnogion, ac iechyd y gŵr yn fregus. Hyn oedd y rheswm dros werthu'r tŷ; roedd y ddau'n awyddus i symud yn nes at y teulu. Ar ôl rhyw fân siarad dyma gael golwg ar y lle a chael fod Mari'r wraig a'm chwaer Eluned, a oedd wedi dod gyda ni, yn hapus ac yn awyddus i mi roi cynnig i'w brynu. Er nad oeddwn ond wedi prynu buwch, ceffyl neu gi cyn hynny, gwyddwn fod bargeinio'n hanfodol.

Rhaid fy mod i wedi gwneud jobyn go dda gan i mi, yn weddol fuan, lwyddo i ostwng y pris o fewn pum can punt i'r pris oedd gen i mewn golwg. A dyna pryd y sylweddolais fy mod i'n cystadlu yn erbyn dau bâr. Roedd y perchnogion wedi cilio i'r gegin ar yr esgus fod yn rhaid i Mr Jones gael ei dabledi ac i'w wraig wneud paned i ni. A dyna pryd y dechreuodd y pâr arall, Mari ac Eluned, droi arna i. 'Paid â bod yn rhy galed ac achosi i Mr Jones ddioddef trawiad arall ar y galon.' Dyna oedd eu dadl: 'Beth yw pum can punt dros nifer o flynyddoedd? Gwell o lawer colli hynny na bod â bywyd rhywun ar dy ddwylo.'

Pan ddychwelodd y perchnogion, roedd ganddynt un

opsiwn arall: cynnig i mi letya yno gyda nhw nes y gallent symud. Roedd hynny'n golygu na fyddai'n rhaid talu lodjin – gan wella'r fargen, wrth gwrs. I Mari ac Eluned roedd hyn yn ddigon, a bu'n rhaid taro'r fargen – er fy mod yn eu rhegi'n dawel o wybod i mi wneud camgymeriad drwy ddod â'r ddwy gyda fi. Cefais gadarnhad o hyn adeg arwyddo'r cytundeb ar y tŷ pan dderbyniais lythyr y diwrnod canlynol oddi wrth Mrs Jones yn ymddiheuro am na fedrai roi llety i mi wedi'r cyfan gan nad oedd ei gŵr yn teimlo'n dda. Nododd hefyd na fyddai hi a'i gŵr yn symud allan tan rhyw dair wythnos cyn y Nadolig.

Felly, a hynny ar frys, rhaid oedd chwilio am lety o ddydd Llun hyd ddydd Gwener nes deuai'r tŷ yn wag. Am unwaith bûm yn ddigon call i ofyn am gymorth Emrys James, Swyddog Sirol Undeb Cenedlaethol yr Amaethwyr ym Maldwyn, un a oedd wedi byw yn y Drenewydd ers blynyddoedd. Ni fu fawr o dro yn dod yn ôl ataf gydag enw a chyfeiriad, a'r cyfarwyddyd y dylwn fynd yno heb oedi. O ganlyniad cefais stafell yng nghartref Mrs Griffiths yn y Stryd Newydd, gwraig weddw mewn gwth o oedran. Yno roedd popeth yn rhedeg i'r funud – brecwast am 7.45, swper (neu 'Hei Tî', fel y'i gelwid) am 5.15, a thalu am fis ymlaen llaw. I mi roedd yn gyfnod uffernol. Roeddwn mewn swydd newydd ymysg pobol ddieithr, i ffwrdd oddi wrth fy nheulu a heb gael amser i wneud yr un ffrind. O ganlyniad, y pryd gorau oedd brecwast ar fore dydd Gwener gan na fyddwn yn dychwelyd wedyn tan yr Hei Tî nos Lun. Yn ystod y cyfnod cynnar hwnnw byddai nos Wener ar y ffordd adre yn teimlo fel mynd allan am ddiod, a bore dydd Llun wrth ddod 'nôl fel mynd at y doctor.

Ond troi wna olwyn amser, ac un bore dydd Gwener dyma ddweud gwd-bei wrth Mrs Griffiths, a fu'n reit ffeind wrthyf, chwarae teg. Gyda thoriad gwawr fore dydd Sadwrn roedd lorri Toss Hughes wrth y drws yn barod i lwytho'r celfi a'u cludo i'r Drenewydd. Cyrhaeddwyd stad Tan-y-graig a dyma ddechrau gwacáu'r lorri, gyda chwaer i Mari wedi dod i helpu – yn bennaf i gadw Mererid, y fechan ddwyflwydd oed, rhag bod dan draed.

Yn gyrru'r lorri roedd Dic Bach, a phan welodd fod yna bobl yn ei wylio, prin fod angen i mi wneud dim. Bu sôn ar stad Tan-y-graig am flynyddoedd wedyn am y gyrrwr lorri hwnnw oedd wedi cario wardrob anferth ar ei gefn heb help gan neb. Mae'n siŵr hefyd fod rhai yn credu mai rhyw greadur bach gwanllyd iawn o'n i nad oedd yn dda i ddim ond ar gyfer ymhél â mân bethau.

Wedi gorffen y symudfa fawr fe aeth Mari ati i baratoi pryd o fwyd i Dic, a diflannai'r sosejys fel y gadawent y ffreipan gan adael y gweddill ohonom i fodloni ar frechdan gaws yr un. Bu Dic, druan, farw'n ifanc ac efallai i'r holl bwysau a gariodd dros y blynyddoedd wneud mwy o ddifrod iddo nag a feddyliodd neb.

Beth bynnag, erbyn y bore dydd Sul roedd rhyw fath o drefn ar y byngalo, gyda Mari a'i chwaer wrthi'n gorffen gosod y llenni ar bob ffenest. O sefyll yng nghornel yr ardd ac edrych i gyfeiriad llethrau Ceri ac i lawr y cwm tuag at Aber-miwl, gwyddwn innau fod llwybr newydd i'w gerdded yn y bore – llwybr nad oedd

y ffermwr o Sir Aberteifi wedi ei gerdded o'r blaen.
Tybed beth fyddai'r dyfodol yn ei gynnig?

Troi am y Swyddfa

Wrth baratoi ar gyfer fy more dydd Llun cyntaf yn y swyddfa, cofiais eiriau Charles Cornwal yn yr ysgol fach gynt, 'Dyn prydferth yw'r ffarmwr yn ei ddillad gorau.' Hyd y bore cyntaf hwnnw doedd fawr o draul wedi bod ar fy siwt briodas, ond diolch i anogaeth Mari dyma benderfynu ei gwisgo cyn iddi fynd allan o ffasiwn, ac er mwyn edrych yn daclus ar y bore cyntaf.

Roedd swyddfa'r Ffermwyr Ifanc mewn stafell a oedd yn rhan o adeilad Undeb Cenedlaethol y Ffermwyr ar gornel y stryd a wynebai'r Parc ac wrth ymyl y maes parcio. Fel roeddwn yn parcio daeth Emrys James, swyddog sirol yr Undeb – Cardi arall, ac un a fu'n brifathro yn Ysgol y Gwenlli – i'r golwg. Dyma hwnnw'n fy arwain i mewn i'r adeilad a'm cyflwyno i'r staff, yn cynnwys Miss Morgan Jones, ysgrifenyddes swyddfa'r Ffermwyr Ifanc. Roedd Miss Jones yn nesu at oedran ymddeol ac yn amlwg yn gyfarwydd â gwneud pethe yn ei ffordd ei hunan. Wrth i mi eistedd, ymddangosai i mi yn greadures sarrug a phenderfynol iawn. Buan y daeth cadarnhad o hynny! Dyma hi'n estyn ataf restr faith o alwadau ffôn gan ddweud fod angen i mi ddelio â'r cyfan mor fuan â phosibl. Hon, mae'n amlwg, oedd y graig gyntaf ar draws fy llwybr, a dyma fynd ati'n syth i'w symud.

Ar unwaith fe'i rhoddais ar ddeall fy mod am dreulio'r

wythnos gyntaf yn gwneud dim ond darllen ffeil pob clwb, yn ogystal â ffeiliau unrhyw glwb arall nad oedd bellach yn bodoli. Yna, gofynnais mor gwrtais ag oedd yn bosibl, iddi hi ymateb i bob galwad ffôn yn yr un ffordd ddeheuig ag a wnaethai dros y cyfnod y bu'r mudiad heb swyddog sirol. Yna, trwy lwc, cofiais eiriau doeth John Jenkins o'r Bont: 'Os medri di, cofia bob amser wrth dynhau ar y rhaff i geisio rhoi ychydig wynt yn yr hwyl yr un pryd.' Fe weithiodd, a dyma hi'n dechrau gosod yr holl ffeiliau ar y ddesg. Cyn hir cyrhaeddodd paned o goffi, a chiliodd y cymylau rhyw ychydig.

Roedd darllen hanes pob clwb yn un peth yr oeddwn wedi penderfynu arno bron iawn o'r funud y cynigiwyd y swydd i mi, a hynny er mwyn cael gwybod pwy oedd pwy ym mhob clwb. Byddai hefyd rywdro yn y dyfodol yn wybodaeth fuddiol pan fyddwn yn gobeithio symud ymlaen i geisio adfer y clybiau hynny a oedd, ar y pryd, yn cysgu.

Am ryw reswm roeddwn i wedi anghofio fod mis Medi, yn enwedig at ddiwedd y mis, yn amser pwysig ym mywyd y clybiau. Dyma'r adeg o'r flwyddyn pan fyddent yn ailgychwyn, a phan fyddai angen ethol swyddogion newydd a chynllunio rhaglen at y gaeaf a'r gwanwyn canlynol. Roedd yn arferol i'r Trefnydd Sirol fod yn bresennol yn y seiadau hyn, ac roeddent yn gyfle i swyddog newydd gyfarfod â'r aelodau. Dyma un man, felly, pan oedd angen cyfaddawdu gan ddweud wrth Miss Jones y câi hi roi galwadau trefnu pwyllgor drwodd i mi er mwyn trefnu noson. Ar wahân i'r galwadau hyn bûm yn darllen yn gyson drwy'r wythnos, ymhell o olwg gwg achlysurol Miss Jones. Ac fe'i clywais un diwrnod yn dweud wrth Megan yn y swyddfa drws nesaf nad oedd golwg llawer o waith ynof.

Ychydig, efallai, sy'n sylweddoli fod Trefnydd Sirol yn gweithio oriau hir gan fod gwaith gweinyddu'n golygu bod yn y swyddfa yn ystod y dydd ac yna teithio allan i'r clybiau fin nos, a dychwelyd yn aml o gwmpas hanner nos. Adar y nos ydi ffermwyr ifanc, ac anaml y bydd cyfarfod pwyllgor yn cychwyn ar amser – ac yn anamlach fyth yn gorffen ar amser. Rhwng cychwyn swydd newydd, dygymod â gwaith swyddfa, bod allan y nos a Mari ar fin geni (ganwyd Ifer, y mab, yr Ionawr canlynol), bu'r mis cyntaf yn uffern fach.

Yr hyn a wnâi bethau'n waeth oedd bod y teithio i gyd yn digwydd gyda'r nos, a finnau'n hollol ddieithr i'r sir. Ar ben hyn roedd yr ardal yn frith o ffyrdd bychain heb fod bron unrhyw wahaniaeth mewn ambell ardal rhwng ffordd y Cyngor a lôn fferm. Hefyd roedd hwn yn gyfnod, mewn ardaloedd fel Aberhafesb, Manafon, Adfa, Llanfihangel a Dolanog, pan fyddai hogiau ifanc yn mynd o amgylch fin nos ac yn troi'r arwyddbyst i'r cyfeiriadau anghywir! O ganlyniad bu sawl siwrne lawer iawn yn hwy nag y dylasai fod. Yn goron ar y cyfan, oherwydd prinder arian, nid oedd gen i'r cerbyd gorau at y gwaith. Teithiais filltiroedd lawer mewn hen Morris Minor a ddylai fod yn casglu'i bensiwn ers llawer dydd, a mwy nag unwaith bu'n rhaid i mi gael lifft yn ôl neu gerdded rhan o'r ffordd. Yn y cyfnod hwnnw bu gen i ddau gerbyd a oedd, ar hanner esgus, yn barod i daflu i fyny neu i strancio.

O deithio ar draws Sir Drefaldwyn, daeth yn amlwg yn

fuan iawn fod yna ddisgwyliadau gan bob clwb o weld y Trefnydd newydd yn bresennol. Rhaid oedd annerch pob clwb, a hefyd gynnig nifer o syniadau – gorau oll os oedd y rheiny'n rhai hollol newydd – ar gyfer y rhaglen. Daeth yn amlwg yn fuan iawn hefyd mai hon oedd sir y rhaniadau.

O Glywedog i Garno ac i lawr i Lanbryn-mair a thrwy Ddyffryn Dyfi i fyny at Lanerfyl, drosodd i Lanfihangel ac uwchlaw Llanfyllin at Ben-y-bont-fawr roedd y clybiau'n rhai Cymraeg, er bod nifer ohonynt yn bur farwaidd ar y pryd. Yna, o ffin Maesyfed o Langurig drwy Lanidloes, Trefeglwys a Chaersws ac ymlaen i Lanwnnog, Penystrowed, Aberhafesb a Dolfor, a hyd yn oed i fyny at Ceri, ceid clybiau Cymreig eu ffordd ond a oedd wedi colli'r iaith. Yn yr ardaloedd yma ceid ymadroddion fel 'up with we' a 'come for a *beit*' – pobol yn byw'r ffordd Gymreig drwy gyfrwng y Saesneg. Ym mhen arall y sir, o Aber-miwl drwy Berriew i Forden ac allan drwy Montgomery a Churchstoke, roedd carfan a oedd yn hollol Seisnig ac yn byw bywyd Saeson i bob pwrpas.

Gwelais yn fuan iawn mai un o'r creigiau mawr ar y ffordd oedd cadw'r tair carfan yn gytûn, a hoffwn feddwl heddiw i mi lwyddo i wneud hynny. Serch hynny, roedd symud o ardal yng Ngheredigion, a oedd bron yn uniaith Gymraeg ar y pryd, i Faldwyn yn her fawr. Roedd siarad yn gyhoeddus yn yr iaith fain yn her, yn enwedig ateb cwestiynau'n fyrfyfyr. O leiaf, wrth annerch roedd rhywun wedi cael cyfle i baratoi, ond fel gyda llawer peth arall, arferiad oedd yr ateb ac o dipyn i beth deuai'r tafod yn ystwythach.

Er y rhaniadau, gallaf ddweud heddiw fod mwynder Maldwyn yn disgleirio drwy'r cyfan, ac o edrych yn ôl bu'r cyfnod o fewn y sir yn un i'w drysori.

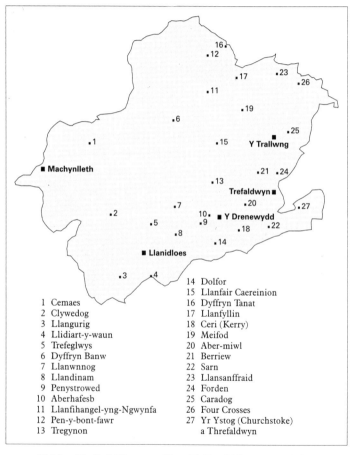

1 Cemaes
2 Clywedog
3 Llangurig
4 Llidiart-y-waun
5 Trefeglwys
6 Dyffryn Banw
7 Llanwnnog
8 Llandinam
9 Penystrowed
10 Aberhafesb
11 Llanfihangel-yng-Ngwynfa
12 Pen-y-bont-fawr
13 Tregynon
14 Dolfor
15 Llanfair Caereinion
16 Dyffryn Tanat
17 Llanfyllin
18 Ceri (Kerry)
19 Meifod
20 Aber-miwl
21 Berriew
22 Sarn
23 Llansanffraid
24 Forden
25 Caradog
26 Four Crosses
27 Yr Ystog (Churchstoke)
   a Threfaldwyn

Clybiau Mudiad Ffermwyr Ifanc Sir Drefaldwyn yn y 1960au

Gweithgareddau

Fel swyddog sirol gyda'r Ffermwyr Ifanc, prin oedd yr amser sbâr, gyda dim ond ambell noson gartre a'r penwythnos yn aml yn cael ei llenwi hefyd. Credaf i nifer o deuluoedd ar y stad gredu nad oedd gan Mari ŵr ac mai rhyw foi ffansi oeddwn i, yn galw o bryd i'w gilydd. I mi câi amser ei lyncu i fyny, ond credaf i'r blynyddoedd hynny fod yn rhai reit galed i Mari wrth fagu dau o blant a gorfod treulio oriau lawer ar ei phen ei hun.

Gan fod perthnasau'r ddau ohonom yn Sir Aberteifi, anodd oedd cael neb i warchod, ac am y flwyddyn a hanner gyntaf, yn enwedig, ychydig iawn fu Mari allan yn fy nghwmni fin nos. O ganlyniad, dim ond yr ychydig ffermwyr ifanc a ddeuai heibio'r tŷ a gâi gyfle i gwrdd â hi ac i weld y plant.

Wedi cyfnod o ryw chwe mis a dechrau setlo, deuthum i'r casgliad fod angen gwneud tri pheth: yn gyntaf, cynyddu'r aelodaeth a sefydlu rhai clybiau newydd; yna gosod mwy o drefn ar y gweithgareddau, yn enwedig cael pob cystadleuaeth i gychwyn ar yr amser penodedig; ac yn olaf, lledaenu ystod y gweithgareddau ac ymgorffori system o hyfforddi.

Am y tro cyntaf, mi dybiaf, fe welodd Miss Jones werth yr holl ddarllen a'r ymchwil a wnes ar y cychwyn. O'r herwydd roedd gen i erbyn hyn enwau'r rheiny oedd wedi bod yn ymwneud â'r clybiau nad oedd bellach yn bodoli, a siawns na fyddai rhai o'r rhain yn medru rhoi rhif ffôn neu enw rhywun ifanc a allai fod eto â diddordeb. Un o'r rhai cyntaf i dderbyn galwad oedd Hugh Hughes o Lanwrin, un a fu'n swyddog i hen glwb Machynlleth ac un, erbyn heddiw, yr wy'n ei ystyried fel un o'm ffrindiau gorau. Ni welai Hugh fod yna lawer o ddiddordeb ym Machynlleth ei hun, ond teimlai fod yna bosibilrwydd yn uwch i fyny'r dyffryn a bu'n ddigon caredig i gynnig rhai enwau. Mewn ymateb i hynny, euthum i ymweld â'r bobol hyn ac yn fuan sefydlwyd Clwb Cemaes, a gafodd ei ddilyn gan glybiau yn Llanfihangel a Charno ac yna gweddnewid Pen-y-bont-fawr. Bu hefyd ymdrech gref i gryfhau Clwb Clywedog, a fu am gyfnod wedyn yn cystadlu'n frwd a chyda mesur helaeth o lwyddiant, yn enwedig yn yr Eisteddfod.

Er i hyn roi cryn hwb i mi fel Trefnydd, nid oedd sefydlu clybiau newydd heb ei broblemau, a chyn mod i'n sylweddoli hynny, roedd pen ucha'r sir yn cwyno am fod y swyddfa yn y Drenewydd ac na fyddent byth yn gweld y Trefnydd ond ar ei ymweliadau anaml â'r clybiau. O ganlyniad, gwnaed penderfyniad i agor swyddfa yn y Trallwng ar ddydd Llun y farchnad, a rhaid dweud fod nifer helaeth o aelodau yn eu tro wedi ymweld â hi.

Ar ben hynny, bob dydd Llun am hanner awr wedi dau byddwn yn gadael y swyddfa ac yn sefyll yng nghornel cylch y gwartheg fel bod unrhyw un oedd yn rhy brysur i ymweld â'r swyddfa yn cael cyfle i sgwrsio. Gan un o'r bechgyn a ddaeth ataf yno y dysgais wers go galed, gwers a fu bron iawn ag achosi rhwyg o fewn clwb. Ei gŵyn oedd bod arweinydd y clwb yn rhy hen, a'i fod yn gwrthod unrhyw weithgaredd newydd. Roedd yna ronyn o wir yn yr honiad, ond ddywedodd yr aelod ddim wrtha i fod nifer fawr o'r aelodau'n perthyn i'r arweinydd! Fel grîn horn, ys dywed John y Waun, bûm yn ddigon dwl a thwp â mynd i'r clwb a chynnig eu bod yn newid arweinydd. Digon yw dweud i mi fynd oddi yno fel ci wedi cael crasfa. Flwyddyn yn ddiweddarach, a deuddeg mis yn gallach, euthum yn ôl yno wedi gwneud fy ngwaith ymchwil a chynnig y dylai'r gŵr a oedd wedi gwneud cystal gwaith cyhyd gael ei ddyrchafu'n Llywydd Anrhydeddus. Pawb yn unfarn, a rhywun dipyn yn iau wedyn yn cael ei ethol yn arweinydd. Rown i wedi dysgu gwers, a thrwy lwc llwyddwyd i gadw'r clwb yn fyw. Yn ogystal â hybu a ffurfio clybiau newydd, bûm hefyd wrthi'n annog nifer o glybiau i gynyddu eu haelodaeth, a thrwy hynny i fod yn fwy hyblyg eu gweithgareddau.

Yn awr rhaid oedd ymhél â threfniant ac amseriad y gweithgareddau, a dyma godi'r mater o flaen y Pwyllgor Gwaith. Ac yma eto, dysgais wers gwerth chweil. Ar y pwyllgor ar y pryd roedd tri chyn-Drefnydd wedi eu cyfethol. Wrth gwrs, nid pob un o'r rhain oedd yn gweld yr angen am newid a byddent yn adrodd fel parti unsain y frawddeg, 'Welson ni 'mo'r angen i newid rhywbeth fel hyn.' Nid oes angen dweud i'r syniad gael ei wrthod. O weld hyn yn digwydd, edrychais o gwmpas a sylwi ar yr aelodau oedd fwyaf tebygol o wthio syniadau drwodd yn y pwyllgor, ac wedi i mi benderfynu ar ddau ohonynt dyma osod fy meddylfryd o'u blaen. Ar ôl llwyddo i gael y ddau i gydsynio, a theimlo'n reit hapus ar hynny, cynigiodd y ddau'r syniadau hynny. A'r tro hwn dyma'r pwyllgor yn derbyn.

Ar y pryd, y ddwy broblem fawr oedd y siarad cyhoeddus a ffwtbol – y naill oherwydd amseru a'r llall oherwydd tuedd clybiau i fenthyg aelodau clybiau pêl-droed er mwyn eu helpu i ennill. Penderfynais ddelio â'r bêl-droed yn gyntaf, ac i ffwrdd â fi at ysgrifennydd rhanbarth y clybiau pêl-droed. Cefais groeso mawr ac oedd, roedd yntau am roi terfyn ar y busnes yma. Erbyn hyn roedd cardiau aelodaeth gan fudiad y Ffermwyr Ifanc ac roedd rhestr aelodaeth pob clwb gen i yn y swyddfa. Addawodd ysgrifennydd y gymdeithas bêl-droed y byddai yntau hefyd yn anfon rhestr o'i aelodau i mi. Bellach, anodd fyddai torri'r rheolau ac ar ôl i ddau glwb gael eu taflu allan o gystadleuaeth y Ffermwyr Ifanc daeth terfyn ar y broblem. Serch hynny, rhybuddiodd aelod o un clwb y byddai'n ymweld â fi ar noson dywyll ac y byddai'n gadael ôl ei esgid ar fan digon allweddol o'm corff am flynyddoedd i ddod. Diolch i'r drefn, wnaeth hwnnw ddim gwireddu ei fygythiad a daeth y ddau ohonom yn ffrindiau cyn i mi adael y swydd.

Wedyn dyma fentro datrys problem y siarad cyhoeddus. Byddai llond lle o dimau'n cystadlu, ond ni fyddai'r un tîm yn cyrraedd ar yr amser penodedig. Cynhelid y gystadleuaeth yn y Ganolfan yn Aber-miwl, mewn man delfrydol, lle'r oedd y prifathro lleol, George Lewis, yn gefnogol iawn i'r mudiad. Deuai'r cyhoedd yno yn eu cannoedd, ond byddent yn anesmwytho a diflasu ar yr oedi – neb yn fwy na'r beirniad na fyddai, o'r herwydd, yn gorffen ei waith tan ymhell wedi hanner nos. Felly, dyma gael y ddau aelod o'r Pwyllgor Gwaith a fu mor ddefnyddiol o'r blaen i gynnig ein bod ni'n tynnu enwau'r timau allan o'r het, ac os byddai unrhyw glwb fwy na chwarter awr yn hwyr, y caent eu taflu allan o'r gystadleuaeth. Gyda'r penderfyniad yma wedi ei dderbyn, rhoddwyd yr wybodaeth a'r rhif cystadlu i bob clwb, ac ymaith â fi at y Dr J. A. Davies, Cyfarwyddwr Addysg y Sir, i ofyn iddo feirniadu. Gwyddai, wrth reswm, am yr hen drefn a bu'n gyndyn iawn i gytuno nes i mi osod y system newydd o'i flaen. 'O'r gorau,' meddai, gyda gwên ar ei wyneb, 'mi ddof.' Wrth i mi adael, ychwanegodd, 'Ydi'n well i mi ffonio ambiwlans?' Caeais y drws yn glep ar fy ôl.

Do, fe gyrhaeddodd y noson ac erbyn saith o'r gloch roedd y neuadd yn llawn, a rhyw dawelwch mawr dros bobman fel petai pawb yn synhwyro fod rhyfel arall ar fin cychwyn. Yr unig dîm llawn yn bresennol oedd tîm rhif tri, a dyma'r Cadeirydd, Brian Jones, yn eu galw i'r llwyfan, a'r beirniad yn barod. Fel roedd y tîm yn cychwyn, gwelais dîm rhif pedwar yn cyrraedd, a gwyddwn – beth bynnag ddigwyddai – fod yn rhaid i'r gystadleuaeth fynd yn ei blaen. Torrodd y storm wrth i dîm rhif un, a oedd awr yn hwyr erbyn hyn, gyrraedd a datgan eu bod nhw'n barod i esgyn i'r llwyfan. Bu'n rhaid eu hwynebu a dweud yn blwmp ac yn blaen eu bod allan o'r gystadleuaeth, yn ôl y rheolau yr oedd eu cynrychiolwyr nhw – fel y lleill – wedi penderfynu arnynt yn y Pwyllgor Gwaith. Rhyfedd o fyd – nid ar y Pwyllgor Gwaith oedd y bai ond arnaf i, a chefais unwaith eto fy ngalw'n 'blydi Cardi', ac enwau eraill llawer gwaeth. Serch hynny, ciliodd y storm a datblygodd y gystadleuaeth gyda'r canlyniad i'r Dr J. A. Davies barhau fel beirniad am dair blynedd, a thrwy ei feirniadu adeiladol llwyddodd i godi'r safon i'r fath raddau fel bod y tîm gorau wedi mynd ymlaen i ennill y gystadleuaeth genedlaethol sawl tro. O gadw at yr amser, daeth y gynulleidfa hefyd – flwyddyn ar ôl blwyddyn – yn heidiau i gefnogi.

Bellach nid oedd ond un agwedd o'r 'Arch Plan' ar ôl, sef gosod system hyfforddiant yn ei lle. Felly, dyma nodi'r tair elfen y byddwn yn cychwyn arnynt. Sir amaethyddol oedd Trefaldwyn yn ei hanfod, gyda rhai o fridwyr stoc gorau'r wlad o fewn i'w therfynau. Fel y gellid disgwyl gyda'r fath gefndir, roedd nifer o ffermwyr ifanc â diddordeb mawr mewn beirniadu stoc, a gwelwn hwn yn faes toreithiog i gychwyn. Y cwestiwn mawr, wrth gwrs, oedd: o ble'r oedd yr hyfforddiant i ddod? Dyma ddechrau edrych a meddwl. Ond yn union fel petai gen i angel gwarcheidiol, cerddodd yr ateb drwy ddrws y swyddfa. 'I'm C. H. Edwards,' meddai'r gŵr byr wrth gerdded i mewn, 'County Livestock Officer.' A dyma godi i'w gyfarch. Ac ar y bore dydd Llun hwnnw y cychwynnodd y bartneriaeth a oedd i bara drwy'r cyfnod a dreuliais yn y sir. Ac yn sicr, ni weithiodd neb yn galetach nac yn fwy llwyddiannus na C. H. Byddai'n rhoi enwau ffermydd i mi, ynghyd â manylion am y stoc a man cyfarfod addas, a byddwn innau'n gwneud y trefniadau a mynd â'r aelodau i weld y creaduriaid ar adegau penodedig. O ganlyniad, byddem yn anfon timau i gynrychioli'r sir ym mhob rhan o'r wlad, gan gynnwys cystadlaethau mawr yn Smithfield a'r Sioe Laeth, neu'r Dairy Show.

Er i mi gario'r aelodau i sioeau yn rhad ac am ddim, hyd yn oed i sioeau Llundain, byddwn yn aml yn bwcio bysys ac yn cynnig seddau i'r cyhoedd eu llogi; nhw, felly, fyddai'n talu am gostau cludiant yr aelodau. Ar fy ffordd yn ôl o Smithfield oeddwn i pan ddes i o fewn trwch edau teiliwr i gael fy lladd. Roedd hi'n glawio'n eger cyn i ni adael Llundain, ac fel roedd hi'n nosi, a ninnau'n gyrru drwy Sir Amwythig, gwyddwn fod afon Hafren i fyny at ei glannau.

Erbyn cyrraedd y Trallwng roedd hi'n dywyll, ond yng ngolau'r bws gwelwn gryn dipyn o ddŵr ar y ffordd, ac o Aber-miwl ymlaen i'r Drenewydd bu'n gyrru drwy ambell bwll. Beth bynnag, cyrhaeddwyd y Drenewydd ac ar ôl i mi weld pawb yn gadael am eu cartrefi, dyma fi'n dechrau cerdded o ganol y dref tuag at stad Tan-y-graig, lle'r oeddwn i'n byw. Er mwyn cyrraedd gartref roedd yn rhaid i mi groesi pont i gerddwyr, yr Halfpenny Bridge. Pont a grogai wrth raffau dur uwchlaw'r afon oedd hon. Wrth nesu ati yn y tywyllwch, clywn sŵn rhuthr y dŵr, a dyma groesi. Prin yr oeddwn i wedi gosod fy nhroed ar y tir yr ochr draw pan hedfanodd y rhaffau dur uwch fy mhen, a dyma'r bont i ffwrdd gyda'r dŵr. Petawn i ddwy eiliad yn ddiweddarach yna, yn sicr, ni fyddwn i'n cofnodi'r hanes hwn heddiw. Digwyddodd hyn, wrth gwrs, cyn y penderfyniad i godi argae Clywedog, ond cewch ragor o hanes y llif yma yn nes ymlaen.

Roedd un elfen o hyfforddiant yn bodoli yn y sir cyn i mi gyrraedd, a hynny ym myd dofednod, sef trysio cyw iâr. Mater hawdd, felly, oedd ei ddatblygu ymhellach gyda chymorth Swyddog Dofednod y Sir ar y pryd, sef

Margaret House, a oedd yn arbenigwraig ar y gwaith. Ei gofid mawr oedd prinder cywion i'r merched gael ymarfer arnynt yn gyson er mwyn cystadlu ar y lefel uchaf. Fel newydd-ddyfodiad llawn hyder, bûm yn ddigon ffôl i addo y gwnawn i ofalu am hyn, ac y byddwn mewn cysylltiad yn fuan. Ie, hawdd gaddo. Ond sut oedd cyflawni addewid mor fyrbwyll a ffôl? Unwaith eto, daeth yr ateb yn syml wrth i mi fwyta sglodion a sgodyn ar sedd yn y Parc un amser cinio. Wrth i mi fynd ati i daflu'r papur newydd a ddefnyddiwyd i lapio'r bwyd i'r bìn, beth welwn ynddo ond hysbyseb gan gwmni o Craven Arms am gywion wedi'u lladd a'u pluo ac yn barod i'w trysio cyn eu gosod yn y rhewgell! Roedd y cwmni'n fodlon anfon eu cynnyrch ar y trên i nifer o ganolfannau, yn cynnwys y Drenewydd. Dyma nodi'r rhif ffôn a mynd yn ôl i'r swyddfa a ffonio. Doedd dim problem o ran nifer y cywion ieir a fynnwn, na pha mor aml y byddwn yn archebu. Felly dyma drefnu i gael pump ar hugain erbyn y dydd Mawrth canlynol.

Eisteddais yn ôl i fwynhau'r fuddugoliaeth cyn hysbysu'r merched i mi gyflawni gwyrth. Ond damio, o fewn pum munud o fod i fyny yn yr awyr, deallais fod cyflawni gwyrth yn medru creu problem – beth wnawn i â'r cywion ieir wedyn? A phwy fyddai'n talu amdanynt? Teimlwn fod bywyd yn gythreulig o annheg! Chwarae teg i Miss Jones, hi feddyliodd am ateb i'r broblem: gosod hysbyseb yn y papur ac yna eu gwerthu o'r swyddfa. A dyna a fu. Bûm yn prynu dofednod ar gyfer hyfforddiant am flynyddoedd wedyn a'u gwerthu o'r swyddfa. Heddiw, wrth gwrs, byddai pob math o reolau yn fy llesteirio. Diolch byth i mi orffen gweithio mewn pryd!

Cofiaf yn dda i mi un flwyddyn orfod prynu tua dau gant o gywion i'r swyddfa ganolog yn Lloegr ar gyfer Sioe Smithfield. Dyna lle'r oeddwn i'n sefyll wrth eu hymyl ger y cylch cystadlu. Pwy oedd yn sefyll y tu ôl i mi, heb yn wybod i mi, oedd y bachgen o'r Drenewydd fyddai bob amser yn derbyn y bocsys yn y stesion. Mae'n debyg ei fod ef a'i wraig ar ymweliad â Llundain ac wedi galw yn y sioe. Dyma fe'n troi at ei wraig ac yn dweud, 'Look, Mary – there's Arch up there with his chickens. He must be the biggest dealer in the country'. Ie, petawn adre yn Sir Aberteifi, digon tebyg y buaswn wedi cael llysenw addas ar gorn y stori yma!

Beth bynnag, yn sgil yr holl hyfforddiant daeth llwyddiant mawr wrth i chwech o aelodau'r sir ddychwelyd o'r Sioe Laeth gyda phedair medal aur, dwy arian a dwy efydd a thîm y bechgyn ieuengaf – David Jones a John Rowlands o Glwb Caradog – yn ennill gwobr gyntaf y gystadleuaeth Brydeinig. Felly hefyd Mair Roberts ac Ann Owen o Glwb Llansanffraid yn y gystadleuaeth trysio cyw, a John Orrells, Aber-miwl a David Roberts o Glwb Four Crosses a ddaeth yn ail yn nhîm y bechgyn hŷn. Trist yw cofnodi heddiw i Ann Owen a John Orrells farw'n bobol ifanc, dau a wnaeth gymaint dros y mudiad a thros eu teuluoedd.

Cyn troi oddi wrth yr ymweliadau â Llundain dylwn sôn am y rhai fu'n gymorth i dalu am y bws, sef nifer o oedolion a fyddai'n bwcio ymlaen llaw mewn da bryd. Ymysg y rhain un flwyddyn gwelwyd cymeriad gwledig iawn ei olwg o'r ardal rhwng Dolfor a Llanbadarn

Fynydd yn ymuno â ni ar y bws. O edrych arno, ymddangosai fel petai heb adael cartref erioed. Ond buan y deuthum i sylweddoli eto nad wrth ei big y mae prynu cyffylog. Wrth i ni gyrraedd Llundain a dechrau symud yn araf i gyfeiriad Earls Court, lle'r oedd ein gwesty ni, stopiodd y bws wrth olau coch. Yn sydyn, neidiodd y boi allan a diflannu i lawr y stryd. Ac wrth ei weld yn ein gadael mor ddisymwth, meddyliais tybed a ddeuai byth i'r golwg eto?

Y diwrnod wedyn, a finne newydd orffen cystadlu yn adran y Ffermwyr Ifanc yn y sioe, ac ar fin mynd i chwilio am ginio, dyma rywun yn cydio yn fy mraich. Pwy oedd yno ond y cymeriad a ddiflannodd mor sydyn y diwrnod cynt. Gofynnodd i mi fynd gydag ef, a bant â ni, ef yn arwain a finne'n ei ddilyn, tuag at stondin cwmni Massey Ferguson, ac yna i'r cefn lle'r oedd bwrdd wedi'i osod ar gyfer cinio. Buan y deallais fod y ddau ohonom yn wahoddedigion. O holi ymhellach deallais ei fod yn adnabod un o brif gyfarwyddwyr y cwmni. Roedd gan hwnnw dŷ haf ar ei fferm a byddai'n westai cinio bob tro y byddai yn y sioe a chanddo'r hawl i wahodd ffrind i ddod gydag ef. Y tro hwn roedd y creadur wedi penderfynu mai fi fyddai'r ffrind, ac fel Cardi, fu neb yn falchach o fod wrth ei ochr.

Ie, tripiau gwyllt fu'r rheiny i Lundain. Ac eto, rhywfodd, bûm yn ddigon ffodus i ddod â phawb adre'n ddiogel bob tro. Serch hynny, bu'n rhaid i mi fynd droeon mewn tacsi i gyrchu ambell un yn ôl o Soho i'r gwesty, ac weithiau talu pres sylweddol am ei gael allan drwy'r drws.

Heddiw, a hwythau ym mharchusrwydd canol oed,

ychydig fyddai'n fodlon cyfaddef iddynt fod yn rhan o'r fath ddigwyddiadau. Eto, mae'n siŵr mai John Jenkins gynt oedd yn iawn pan ddywedodd, 'Wnei di ddim tyfu lan yn eistedd adre ar ben tân bob nos'.

Yn olaf, dyma droi at faes cystadlu yr oedd gen i lawer o ddiddordeb personol ynddo, a maes hefyd lle'r oedd angen gwelliant mawr arno ar y pryd, sef y ddrama. Dim ond un clwb, sef Aberhafesb, oedd ag unrhyw ddiddordeb, a nhw oedd yr unig rai i gystadlu o fewn y sir. O drafod y mater yn y clybiau roedd yn amlwg fod yna ddiddordeb ond nad oedd yr arbenigedd i gael i gychwyn pethau. Roeddwn erbyn hyn yn cael fy nghyflogi gan y Pwyllgor Addysg – gwelliant mawr mewn telerau a chyfle gwell i gydweithio â'r swyddogion yn yr Adran Addysg Bellach. O drafod cyflwr y ddrama gyda'r Swyddog Ieuenctid, David Hall, a'r Swyddog Addysg Bellach, G. G. Evans, daethpwyd i ddealltwriaeth y cawn dalu am arbenigwyr i fynd allan i'r clybiau o bwrs y Pwyllgor Addysg. Roedd hwn yn hwb sylweddol ymlaen, a buan y cafwyd hyd i ymron ddeunaw o arbenigwyr ar y ddrama i wneud y gwaith. Canlyniad hyn fu i nifer y dramâu gynyddu'n eithriadol, a chyn pen dim bu'n rhaid gwneud trefniadau i redeg Gŵyl Ddrama oedd yn para am wythnos.

Y broblem nawr oedd cael cartref i'r ŵyl lle gellid cynnal dramâu o nos Lun i nos Wener. A chwarae teg, y Pwyllgor Addysg ddaeth i'r adwy unwaith eto drwy ganiatáu i ni ddefnyddio'r Church House, sef rhan o'r Coleg Addysg Bellach – ar yr amod y byddai'n rhaid i ni fod yn gyfrifol am osod gorchudd du dros bob ffenest.

Gan ein bod ni'n cychwyn ar y Llun, penderfynwyd y byddai dau neu dri ohonom yn gwneud y gwaith ar y prynhawn dydd Sul blaenorol. Dyna lle'r oeddem yn hongian rhwng daear a nef, gryn ddeugain troedfedd uwchlaw'r ffordd, pan gyrhaeddodd G. G. Evans. Edrychai'n wyllt, ac yn amlwg yn ddrwg ei dymer. 'Rwy newydd gael galwad,' meddai, 'gan ryw wraig ar draws y ffordd yn dweud fod yna ddau yn ceisio torri i mewn i adeilad y Coleg a bod un yn debyg iawn i Arch, Trefnydd y Ffermwyr Ifanc!' Chwarae teg iddo, arhosodd i orffen y gwaith wedi iddo siarad â'r fenyw a rhoi tocyn am ddim iddi weld y dramâu!

Tyfodd yr Ŵyl Ddrama o nerth i nerth, a bu hyd yn oed yn rhaid i Mari fynd ati i gynhyrchu drama Dolfor. Chwarae teg iddynt, fe fyddai dwy o'r mamau oedd yn Gymry Cymraeg yn dod i warchod y plant bob yn ail tra byddai Mari gyda'r clwb. Cafwyd llawer o hwyl, a mawr fu'r dathlu un flwyddyn wedi i ddrama Dolfor gael ei gosod yn gyntaf gan y beirniad. Do, yn ystod y dyddiau cynnar hynny gwelsom Fwynder Maldwyn ar ei orau, a'r Cardis – er eu hiraeth – yn cynhesu tuag at y sir.

Yn sgil y cystadlu byddai aml i glwb yn derbyn gwahoddiad i berfformio er mwyn codi pres at achos da neu er mwyn cael noson o adloniant. Un o'r clybiau hynny oedd Clwb Clywedog. Roedd y clwb ar y pryd yn ymhél â drama am y tro cyntaf ac wedi cael gwahoddiad i berfformio yn Llanfihangel-yng-Ngwynfa. Neuadd fechan oedd yno ar y pryd, heb yr adnoddau gorau, ond edrychai pawb ymlaen at y noson.

Drama'r clwb oedd *Y Practis*, ac er nad oedd prinder cymeriadau ymhlith yr aelodau, y duedd oedd i ambell un droi'n swil ar y llwyfan. Beth bynnag, ar y noson pan oedd y clwb yn perfformio, penderfynodd un neu ddau geisio boddi swildod rhai o'r actorion drwy roi jeri-binc neu ddau reit gryf iddyn nhw cyn iddyn nhw fentro ar y llwyfan. Y canlyniad fu i'r perfformiad fod yn llwyddiant mawr a ddenodd don o gymeradwyaeth o blith y gynulleidfa. Go brin fod yr un actor wedi cael gwell ymateb i'r llinell, 'Agorir y drws a daw John y gwas i mewn' nag a gafwyd y noson honno. Ie, y cythraul gwledig ar ei orau!

Yn Ifanc gyda'r Ifanc

Yn ddiarwybod bron, mae gweithio gyda'r ifanc yn dwyn rhywun i mewn i'w byd, ac er bod yr oriau'n faith, roedd y rhan fwyaf o'r gwaith yn fwynhad pur. Buan y sylweddolais mai cadw'r tir canol oedd y peth pwysig wrth drafod pobl ifanc, sef peidio â dal y rhaff yn rhy dynn ond eto peidio â gadael iddi fynd yn rhy llac. Delfryd yr ifanc yn gyffredinol yw gweithio'n galed a chwarae'r un mor galed. Felly, yn enwedig ar ein tripiau i Lundain, ceisiwn gadw yn eu plith. Ac, ar y cyfan, credaf i mi fedru cadw'r terfynau heb eu torri – er iddynt gael eu gwthio i'r ymylon ar brydiau.

Ar un o dripiau Llundain, a finne'n mwynhau egwyl fach ar y gwely yn y gwesty ar Sgwâr Russell i fyny ar y trydydd llawr, clywn redeg gwyllt heibio'r drws a thuag at y lifft. O agor y drws, gwelwn bump o'm haelodau'n carlamu i lawr y grisiau wrth ochr y lifft; honno ddim ar gael, mae'n debyg. Rhaid oedd mynd i ymchwilio, ac o weld bod y lifft yn rhydd erbyn hynny, i lawr â fi a chyrraedd y cyntedd bron yr un pryd â'r pump. Gwelais nhw'n anelu am fwrdd gwag. Wrth i mi ymuno â nhw, dyma ddyn yn cerdded i mewn o'r stryd gyda chantel ei het fowler o gwmpas ei wddf a'i ddillad yn wlyb diferol. Gwaeddai am y rheolwr, ac ymddangosodd hwnnw fel petai wedi ei dynnu ar gortyn. Byrdwn neges y dyn oedd bod rhyw fechgyn ifanc wedi lluchio dŵr dros ei ben drwy ffenest ystafell ar un o'r lloriau uchaf, wrth iddo gerdded adref o'i waith. Y canlyniad oedd iddo gael ei fwrw i'r llawr, ac roedd ei het fowler wedi malu. Trodd y rheolwr atom fel grŵp a gofyn a wyddem unrhyw beth am y digwyddiad. Cyn i mi gael cyfle i ateb, dyma un o'r bechgyn yn dweud: 'Na, syr, rydyn ni wedi bod fan hyn ers hanner awr.' Y cwestiwn nesaf oedd holi a oeddem wedi gweld unrhyw un yn dod i lawr ar frys? Yr un oedd yr ateb: 'Na, syr.' Bu chwilio mawr, ond i ddim pwrpas. A doedd gen i fawr o ddewis ond cau fy ngheg nes i'r cyffro dawelu.

Dro arall, penderfynodd y diweddar Bryn James, Trefnydd Sir Aberteifi, ein bod fel aelodau o'r ddwy sir yn ymuno i fynd gyda'n gilydd o'r gwesty i Sioe Smithfield. Wrth godi tocynnau dyma Bryn yn dweud wrth y bechgyn, cyn camu ar y trên tanddaearol, y byddai'n gweiddi pan gyrhaeddem y stesion benodol ar gyfer mynd allan. O gyrraedd y stesion honno dyma Bryn yn gweiddi: 'All out, please!' A chyn pen eiliad roedd pob copa walltog oedd yn y cerbyd allan ar y platfform!

Hwyrach mai'r cyffro hwnnw fu'n gyfrifol, erbyn i ni gyrraedd porth y sioe, bod un o fechgyn ieuengaf Maldwyn yn crio. Roedd wedi colli ei docyn mynediad. Estynnais fy nhocyn fy hun iddo a gofyn am fenthyg ei gôt wen, a oedd yn angenrheidiol i bob cystadleuydd. Yna, ar ôl edrych o gwmpas, ffeindiais focs cardbord gwag. Gwisgais y gôt wen a cherdded yn dalog tua'r porth â'r bocs yn fy mreichiau a gofyn i'r porthor am stondin y *Farmers Weekly*. Pwyntiodd hwnnw'r ffordd, heb unwaith ofyn am docyn. Ie, 'dyfais yn lle Dafydd' fu hi lawer tro: hynny, a mesur helaeth o lwc.

Un o weithgareddau mawr y Ffermwyr Ifanc oedd y Rali flynyddol. Ac yn sicr, roedd y ffaith i mi gystadlu'n rheolaidd pan own i'n iau yn Sir Aberteifi yn help mawr i mi bellach. Cynhaliwyd fy Rali gyntaf fel Trefnydd Maldwyn ym Meifod, ar dir y diweddar Clement Davies AS, a fu'n aelod Rhyddfrydol dros y sir am flynyddoedd lawer. Dangosodd ei weddw garedigrwydd mawr tuag ataf, a hyfryd oedd derbyn y fath gydweithrediad ar ddechrau gyrfa newydd. Roedd clybiau'r sir wedi eu rhannu'n bedwar grŵp, a chyfrifoldeb grŵp pen ucha'r sir i fyny at Ben-y-bont-fawr oedd y Rali hon. Rhaid cydnabod i mi gael pob cymorth. Serch hynny, teimlwn dan gryn bwysau gan y byddai Trefnydd yn aml yn cael ei farnu'n llym ar drefniadau ei Rali: wedi'r cwbl, roedd y digwyddiad yn binacl blwyddyn i fwyafrif yr aelodau.

Roeddwn i wedi gofyn i Miss Jones dair wythnos ynghynt am iddi lunio rhestr o bopeth angenrheidiol ar gyfer y diwrnod. Roedd Meifod yn rhy bell o'r Drenewydd i ni deithio'n ôl i'r swyddfa petai rhywbeth ar goll. Lluniais innau fy rhestr fy hun, ac o gymharu'r ddwy restr, a gwneud ambell newid, cyrhaeddodd diwrnod y Rali heb i ddim byd gael ei anghofio.

Mae un digwyddiad doniol yn aros yn y cof. Wrth i'r Llywydd wneud ei ffordd i'r llwyfan, a'r cylch yn barod ar gyfer y Coroni, dyma fi'n gweld Mererid, y ferch, yn gwisgo sgidiau sodlau uchel ei mam ac yn cario bag llaw, yn cerdded yn dalog ar draws y cylch gan weiddi 'Dadi!'. Roedd Mari, druan, yn y car yn bwydo Ifer, y mab, nad oedd ond chwe mis oed, heb sylweddoli fod ei merch wedi dianc. Wrth i mi redeg ar ei hôl i'w chyrchu'n ddiogel at ei mam, daliwyd yr eiliad dragwyddol honno gan gamera ar gyfer y papur sirol yr wythnos ganlynol. Dyna lle'r oeddwn i, gyda Mererid o dan fy mraich a sgidiau ei mam yn hongian yn simsan oddi ar ei thraed, dan y pennawd: 'Young Farmers get younger all the time!' Roedd hynny, mae'n debyg, yn bwysicach i'r wasg na'r ffaith i'r Rali fod yn llwyddiant.

Bod yn achlysur symudol oedd hanfod y Rali, ar wahân i un cyfnod byr pan gynhaliwyd hi yn y Pafiliwn Mawr yn y Drenewydd. Hen adeilad pren, anferth ar gyrion y dref wrth ymyl y ffordd tuag at Gaersws oedd y Pafiliwn. Yma y bu'r Ŵyl Gerdd fawr am flynyddoedd, un o brif atyniadau'r Drenewydd. Yma hefyd y bu rhai o wyliau drama amatur mwyaf gwledydd Prydain ar un adeg, cyn i adeiladau mwy derbyniol a modern gael eu hadeiladu.

I ni, fel canolfan ar gyfer y Rali, roedd hwn yn adeilad delfrydol gyda digon o le ar gyfer pob gweithgaredd gan gynnig hwylustod arbennig i'r gwaith, yn enwedig os byddai'r tywydd yn wlyb ac yn oer. Oherwydd ei fod yn agos at y dre, byddai'r pres a gesglid fel mynediad bob amser yn uchel gan y byddai nifer fawr o drigolion y Drenewydd yn mynychu – pobol na fyddent byth yn meddwl gwneud y fath beth allan yn y wlad. Ond, fel y dywed yr hen air, 'heb ei fai, heb ei eni'. Gwireddwyd hyn un prynhawn pan oedd y mwyafrif o'r dorf a'r stiwardiaid, gwaetha'r modd, yn y neuadd ar gyfer y Coroni. Pan aethpwyd yn ôl at yr arddangosfa arbennig o hen offer tŷ, casgliad a gâi ei arddangos gan dri neu bedwar clwb, canfuwyd fod y mwyafrif o'r eitemau wedi diflannu. Er llawer o chwilio manwl gan yr heddlu, ni fu neb callach. Digolledwyd y perchnogion, ond beth oedd arian yswiriant? Doedd dim gobaith prynu offer tebyg eto, heb sôn am y tristwch o dorri cysylltiadau teuluol o'u colli. Hyn, mae'n debyg, oedd un o'r prif resymau dros fynd yn ôl i'r hen drefniant o gynnal y Rali allan yn y wlad.

Cofiaf yn dda y Rali gyntaf yng Nghaersws ar ôl symud allan o'r Pafiliwn. Cynhaliwyd dawns fawr fin nos yn Llanidloes. Ni fu ffermwyr ifanc erioed y goreuon am fynd adre'n gynnar, ac yn enwedig felly pan fyddai dawns y Rali yn y cwestiwn. Byddai hyn bob amser yn cythruddo gofalwyr neuaddau, a byddwn yn gorfod gweithio'n galed er mwyn cael eu cydweithrediad. Ar y noson arbennig hon, roeddwn wedi addo y byddwn i'n gofalu cloi'r drysau ar ddiwedd y ddawns ac yn dychwelyd yr allwedd i dŷ'r gofalwr cyn mynd gartre. Cefais rif y tŷ, a oedd ar stad fawr, gymharol newydd ar y pryd, gyferbyn ag adeilad cwmni Dodrefn Hafren heddiw. Teimlwn yn hollol ffyddiog y medrwn gyflawni'r dasg. Ar ddiwedd y ddawns bûm yn ddigon ffodus i gael cymorth y Cadeirydd Sirol i archwilio pob stafell a chloi pob drws. Gan fod hwnnw'n byw ar fferm odro, a'r amser bellach rhwng un a dau o'r gloch y bore, dywedais wrtho am fynd adre. Ffwrdd â fi i ddychwelyd yr allwedd. Dyna pryd y sylweddolais fy mod i mewn trwbwl. Doedd rhifau'r tai ddim yn dilyn ei gilydd! Roedd rhif naw wrth ymyl rhif pymtheg, ac yn y blaen. Bûm yno am ymron i awr cyn dod o hyd i'r tŷ. Yn y cyfamser, roedd ci neu ddau wedi gwneud eu gorau i ddwyn darn o goes rhywun a ddylsai fod yn ei wely ers oriau.

Nid dyna ddiwedd y stori. Wrth droi'r car â'i drwyn am y Drenewydd, cofiais yn sydyn fod gen i dros ddwy fil o bunnau yng nghist y car. Ar gyrion Llanidloes sylweddolais fod car arall yn fy nilyn, ac felly y bu'r holl ffordd i lawr i'r Drenewydd. Er i mi arafu ac yna cyflymu'n sydyn, a hynny droeon, roedd y car yn dal i ddilyn, a finne'n dychryn mwy a mwy o hyd. Beth bynnag, dyma gyrraedd y swyddfa a thynnu'r bocs arian allan, ac i mewn â fi yn ddiymdroi. Euthum yn syth at y sêff a chloi'r arian ynddi gan guddio'r allwedd yn un o'r cypyrddau. Wrth wneud hyn, clywais y drws yn y coridor yn agor, a bu bron i mi lewygu. Gwrandewais am ysbaid. Dim sŵn wedyn, ond dyma afael mewn darn trwm o bren, ac allan â fi. Doedd neb i'w weld, a sylweddolais mai drafft fu'n gyfrifol am agor y drws. Euthum allan i'r car ac i ffwrdd â fi am adre heb weld neb. Serch hynny, bu'n wers i mi. O hynny ymlaen câi unrhyw bres ei adael yng nghist nos y banc.

Er cymaint o egni mae'r ffermwr ifanc yn ei roi i mewn i gystadlu, mae yna ochr arall i'r mudiad nad yw'n derbyn cydnabyddiaeth bob amser, sef eu hymdrechion dros achosion da. Efallai bod hyn yn rhywbeth i'w ddisgwyl gan bobol ifanc sy'n medru troi chwarae a miri yn gyfrwng i godi pres. Un o'r syniadau dros-ben-llestri hyn oedd cynnal rodeo yn null y Gorllewin Gwyllt. Cyn pen chwinciad, roedd nid un ond dau glwb wedi dod ymlaen i gynnal gweithgaredd o'r fath. Roedd un clwb, yr Ystog, ar ffin Sir Amwythig, am ddefnyddio ceffylau gwyllt tra oedd y llall, Llangurig, am ddefnyddio gwartheg. Penderfynodd Clwb yr Ystog ymhellach y byddent yn cynnal eu gweithgaredd ar nos Lun Gŵyl y Sulgwyn oherwydd y byddai cymaint o ymwelwyr o gwmpas. Cyn pen dim roedd Llywyddion y clwb, Mr a Mrs Rogers o fferm Bacheldre, wedi cynnig safle ar gyfer yr achlysur. Doedd dim ar ôl ond dod o hyd i ferlod gwyllt, ac yn ôl yr arfer dyma erfyn ar y Trefnydd i ffeindio'r anifeiliaid pwrpasol. Gwyddwn y byddai'n rhaid mynd am Sir Aberteifi ac at hen ffrindiau, sef bechgyn Nantllwyd, Soar-y-mynydd. Derbyniais ateb ar unwaith yn dweud y byddai'r merlod ar gael, dim ond i mi fod yn gyfrifol amdanynt a'u dychwelyd drachefn i'r fferm. Gwaith hawdd oedd mynd i'r Bont ac i Rock House a chael Toss Hughes yn barod i ddod â'i lorri i'w casglu. Roedd popeth nawr yn barod, a'r clwb wedi penderfynu pa achosion da i'w cefnogi. Cafwyd noson braf o wyliau, a'r gweithgaredd yn rhywbeth hollol newydd i'r ardal. Bu'n noson dda – llawer o hwyl, llawer i godwm, a merlod Nantllwyd yn dangos nad ar chwarae bach roedd modd eu dofi, gydag ambell farchog yn disgyn fel tywarchen i'r llawr.

Fferm laeth oedd Bacheldre, ac er bod y gwartheg llaeth allan, roedd nifer o loi bach a dau darw i mewn, a cheisiai Don Rogers a finne eu gwarchod rhag y fintai o bobl oedd yn cerdded o gwmpas. Tua hanner awr wedi hanner nos teimlai'r ddau ohonom fod pethau wedi tawelu, ac y medrem fentro mynd i'r tŷ am baned. Pan aethom allan unwaith eto clywem sŵn uchel yn dod o gut y tarw, ac o gyrraedd yno gwelem ryw foi cwbl ddieithr yn eistedd yng nghanol bwyd y tarw ac wedi dychryn am ei enaid. Trwy lwc, roedd y tarw wedi dychryn hefyd, a'r eiliad yr agorwyd y drws, rhuthrodd allan i'r cyntedd. Llwyddwyd i gael y dieithryn allan a chanfod ei fod yn dod o'r canoldir yn rhywle. Ni allai sefyll ar ei draed – nid am iddo gael niwed, ond am ei fod wedi dychryn gymaint. Wedi dwy baned o de, llwyddodd i gychwyn am adre, a go brin y gwelwyd ef o flaen tarw wedyn.

Yn awr roedd tro Clwb Llangurig yn nesáu. Chwarae teg iddynt, roeddent wedi dod o hyd i wartheg lleol a chael fferm nid nepell o'r pentref fel lleoliad. Gan fod mwyafrif aelodau'r clwb bryd hynny'n Gymry Cymraeg, cafwyd ar ddeall y byddai Hywel Gwynfryn yn dod ar y noson i holi rhai o'r marchogion. Gan nad oes gan wartheg fwng i gydio ynddo, penderfynwyd clymu rhaff yn dynn am fol pob eidion. Câi'r marchogion eu barnu ar yr amser y llwyddent i'w dreulio ar gefn un o'r creaduriaid cyn cael eu lluchio, gyda'r amser yn rhedeg, ar gyfartaledd, rhwng dwy eiliad i hanner munud. Er mawr syndod i bawb, llwyddodd un o aelodau'r clwb i ddal ei afael am dros ddwy funud nes yn y diwedd clywyd e'n galw am help. Roedd ei fysedd yn sownd o dan y rhaff. Pan gafwyd yr eidion yn ôl i'r ddalfa gwelwyd fod croen dau fys y marchog bron iawn wedi crafu i ffwrdd yn llwyr. Unwaith eto, ar wahân i'r digwyddiad hwn, cafwyd noson hwylus a chodwyd symiau sylweddol i nifer o achosion da.

Ymdrech Clwb Aber-miwl oedd trefnu taith gerdded o'r pentre i fyny at Ddolfor, lle'r oedd rhyw lymaid yn eu haros, ac yna i lawr ar hyd y ffordd fawr i Aber-miwl – taith hyd at at ugain milltir, gan gychwyn gyda'r wawr ar fore dydd Sul. Yn ôl fy arfer bûm yn ddigon ffôl i addo cychwyn y daith.

Fel ar unrhyw fore arall ym mis Ionawr, am hanner awr wedi saith o'r gloch y bore roedd hi'n dywyll fel y fagddu, ac wrth ymbalfalu am sanau gwlân trwchus heb gynnau'r golau rhag deffro'r plant, dewisais y pâr gwaethaf posib ar gyfer cerdded, gydag un hosan wedi'i thrwsio o dan y droed. Beth bynnag, dyma gychwyn y daith ac ymuno â'r cerddwyr a sylweddoli'n fuan iawn fod yr hosan a drwsiwyd yn gwneud ei gorau i ddarnio'r droed. Erbyn cyrraedd Dolfor ac aros am lymaid roedd gormod o ofn arnaf i dynnu'r esgid rhag ofn na fedrwn ei hailwisgo. Felly rhaid oedd dioddef a pheidio â gadael i aelodau'r clwb sylweddoli fod hen fugail yn methu gorffen y daith. O'r diwedd, cyrhaeddwyd Aber-miwl, ac o fynd i'r car a thynnu'r esgid gwelais fod gen i swigen gymaint ag wy gŵydd o dan fy nhroed, a phrin y medrwn wasgu na chlytsh na brêc ar y ffordd adre. Gwers arall – peidiwch byth â mynd ar daith gerdded heb edrych yn fanwl ar eich sanau'n gyntaf!

Ac o sôn am gerdded, daeth hynny'n rheidrwydd droeon, gyda char ar ôl car yn torri i lawr. Un nos Sadwrn ar y ffordd yn ôl i'r Drenewydd o'r Bont, gwelais gar Skoda mewn garej ym Mhonterwyd. Ychydig a wyddwn i ar y pryd, ond os oedd e'n rhad i'w brynu, ni fyddai'n werth dim erbyn adeg ei werthu. Serch hynny, bu'n gerbyd effeithiol am rai blynyddoedd ar wahân i un noson pan oeddwn i'n dychwelyd tua chanol nos o ginio Clwb Four Crosses. Am unwaith roedd Mari wedi llwyddo i ddod gyda mi. Yn sydyn dyma gwmwl o stêm yn codi uwch yr injan, a bu'n rhaid stopio. Y biben ddŵr oedd wedi ffrwydro, a dŵr dros bobman, felly doedd dim amdani ond cerdded. Doedd y syniad yn apelio fawr ddim at Mari, a hithau'n gwisgo sgidiau â sodlau uchel, ond trwy lwc a bendith dyma gar yn stopio a chawsom ein cludo adre bob cam.

Roedd yr hen Skoda wedi'i adeiladu fel tanc, gydag olwynion mawr a phen blaen tebyg i ben broga. Profodd ei gryfder un prynhawn, a finne ar y ffordd i Glwb Llidiart-y-waun uwchlaw Llanidloes. Roedd hi'n bwrw eira'n weddol drwm, a'r ffyrdd – fel llawer o ffyrdd cefn gwlad Cymru – yn eithriadol o gul. Roeddwn wedi dringo'r rhiw ar ôl pasio troad Tylwch ac yn cychwyn ar fy ffordd i lawr. Yn sydyn, ar y tro, dyma fws plant ysgol yn ymddangos. Nid oedd gobaith brecio ar yr eira, ac roedd y dewis yn un gweddol amlwg – naill ai taro'r bws neu anelu am y llidiart caeedig i mewn i'r cae. Dewisais yr ail, a chwalwyd y llidiart pren yn deilchion. Cedwais i fynd, ac er gwaetha'r eira llwyddais i lywio'r hen gar drwy'r cae ac yn ôl i'r ffordd. Roedd y bws erbyn hyn wedi mynd yn ei flaen, ac euthum innau yn fy mlaen i'r pentre. Ar ôl stopio a mynd allan i edrych, gwelwn nad oedd gymaint ag un marc ar y car. Hwyrach, wedi'r cyfan, iddo fod yn danc unwaith cyn i'r Rwsiaid ei beintio a'i werthu i'r Gorllewin!

Yn y maes gwleidyddol roedd hwn yn gyfnod cyffrous yng Nghymru gyda Chymdeithas yr Iaith Gymraeg yn dra bywiog, Byddin Rhyddid Cymru dan sylw'r heddlu a llawer o ieuenctid y wlad yn aflonyddu. I Miss Jones yn y swyddfa, a hithau'n Geidwadwraig ronc, byddwn yn ei gyrru o'i chof drwy wneud sylwadau'n llawn cydymdeimlad â'r gwrthryfel Cymraeg a Chymreig.

Roedd hi'n amlwg fod Miss Jones, druan, mor bell

oddi wrth yr ymdeimlad Cymreig fel nad oedd modd
cael unrhyw drafodaeth ar y mater. Ar yr adeg hon
roeddwn wedi dechrau gwisgo cap, yn bennaf am fy mod
yn colli mwy a mwy o'm gwallt. Byddai'r cap ar fy mhen
bob amser wrth i mi gyrraedd y swyddfa. Beth bynnag,
am ryw reswm roeddwn i wedi cyrraedd y swyddfa un
bore heb y cap. Newydd eistedd wrth fy nesg oeddwn i
pan gyrhaeddodd Emrys James, Swyddog Sirol Undeb
Cenedlaethol y Ffermwyr, o'i swyddfa'r drws nesaf gan
ddweud fod piben ddŵr oedd yn cario cyflenwad dŵr
Llyn Efyrnwy i Lerpwl wedi'i ffrwydro yng ngogledd y
sir, a bod yr heddlu wedi darganfod cap wrth ochr y
biben. Gwelais wyneb Miss Jones yn gwynnu, ond
ddwedodd hi 'run gair. Fel yr oedd Emrys yn codi i fynd
allan, fe ganodd y ffôn. Pwy oedd yn galw ond Hefin
Bennett o Langurig. Roedd Hefin yn ffrind agos ac yn
dynnwr coes o fri. A dyma fe'n dweud, 'Fe glywais ar y
radio ble'r oeddet ti neithiwr. Trueni i ti golli dy gap!' Ni
wyddai ef, wrth gwrs, i mi gyrraedd y bore hwnnw heb fy
nghap. Wedi ychydig mwy o smalio, a dweud beth oedd
ei neges mewn gwirionedd, daeth y sgwrs i ben a
thorrodd yr argae. Roedd Miss Jones yn gandryll gan fy
nghyhuddo o fod yn anghyfrifol, yn blentynnaidd – yn
diystyru'r teulu – a llawer mwy. Ac ar ddiwedd ei rhefru,
dyma hi'n fy nghyhuddo o fod yn eithriadol o dwp wrth
i mi adael fy nghap ar ôl! Sylweddolais fod pethe wedi
mynd dros ben llestri braidd, a bu'n rhaid i mi ofyn iddi
beidio â gwneud dim am ddeng munud i roi cyfle i mi
fynd adre i nôl fy nghap. O weld y cap, daeth pethe'n well
rhyngom, ac o dipyn i beth deallodd mai tynnu coes fu'r
cyfan. Serch hynny, mynnodd gael y gair olaf, 'I hope

this will be a lesson to you!' Ydi, mae'n debyg fod oedran yn chwarae ag amser pan fo cellwair yn un arall o wendidau damniol y criw hŷn.

I Drefnydd y Ffermwyr Ifanc nid oedd amser i sefyllian a difaru am ddim byd, bron. Rhaid fyddai symud ymlaen o un gweithgaredd i'r llall. Rhaid hefyd iddo fod gam ar y blaen i'r bobol ifanc bob tro. A chredaf hyd heddiw pan ddaw'r dydd pan fydd Trefnydd yn mynd yn sych o ran syniadau, y dylai roi'r ffidil yn y to.

Gweithgaredd pwysig arall i'r mudiad oedd yr Eisteddfod Sirol, a honno'n gyfle i nifer arddangos eu talentau ac i symud ymlaen i gynrychioli Cymru wrth gystadlu yn erbyn y siroedd eraill. Gan fod y mudiad yn Sir Drefaldwyn yn ddwyieithog, byddai cyfleon i'r aelodau gystadlu naill ai yn Gymraeg neu yn Saesneg, a byddai'r cystadlu'n para tan oriau mân y bore. Yn ogystal â'r gwaith llwyfan ceid adran grefftau a choginio. A rhaid i mi gyfaddef, yn enwedig ar y dechrau, i mi gael fy synnu gan faint a safon yr adran honno. Hyfryd heddiw yw gweld fod cynifer o'r rheiny a enillodd wobrau bryd hynny wedi mynd ymlaen i chwarae rhan amlwg ym mywyd cymdeithasol a gwleidyddol y wlad. Dyna i chi Glyn Davies, sydd bellach yn Aelod o'r Cynulliad, bachgen a enillodd y Gadair yn yr Eisteddfod ddwywaith. Bu Glyn hefyd yn Gadeirydd Bwrdd Canolbarth Cymru, lle rhoddodd wasanaeth gwych. Ei gamp yn ddiweddarach fu dysgu'r iaith yn rhugl.

Eraill y gellid eu henwi yw Hefin Bennett a David Jones, y ddau'n chwarae rhannau amlwg fel aelodau o'r Cyngor Sir, a Hefin yn arbennig wedi rhoi gwasanaeth clodwiw fel arweinydd eisteddfodau am flynyddoedd maith. Gellid enwi nifer o ferched hefyd, yn arbennig oherwydd eu talentau arbennig yn yr adran grefft a choginio. Mae'r rheina fu'n cystadlu bellach yn feirniaid ac yn hyfforddwyr eu hunain o fewn y gymdeithas ac mewn colegau addysg bellach.

Daeth llawer teulu i fri hefyd yn dilyn bwrw'u prentisiaeth ar lwyfan eisteddfod y mudiad, fel teulu Cenarth Mill o Lidiart-y-waun, a theulu'r Powells o'r un ardal. I fyny ym mhen uchaf y sir yn ardal Llanfihangel-yng-Ngwynfa ceir Tegwyn Jones a'i frawd Ianto, y ddau fel llawer arall wedi disgleirio gydag Aelwyd Penllys. Rhoddodd Tegwyn, wrth gwrs, flynyddoedd o wasanaeth fel arweinydd côr ac fel gweithiwr caled o fewn y gymdeithas. Cododd Plethyn hefyd o'r un ardal, grŵp gwerin a roddodd gymaint o fwynhad am flynyddoedd lawer i'r werin Gymraeg.

Heddiw wrth i mi fynd o gwmpas sioeau'r canolbarth, byddaf yn dod ar draws gwragedd sy'n rhoi yn ôl o'r sgiliau y cawsant gyfle i'w dysgu gan eraill ym merw'r Ffermwyr Ifanc drwy feirniadu cystadlaethau a chefnogi gweithgareddau cefn gwlad. Weithiau mae rhywun yn teimlo rhyw falchder o fod wedi cael rhannu munud fach yn natblygiad y bobl hyn, a hefyd y tristwch a'r siom o gofio'r rhai fu farw'n ifanc cyn cyrraedd pinacl eu gallu.

Yn ystod fy nghyfnod ym Maldwyn daeth Dei Tomos, sydd bellach yn adnabyddus iawn ar y cyfryngau, i'r sir fel Trefnydd yr Urdd. Ac yn wahanol i'r hyn oedd wedi digwydd aml i dro o'r blaen cafwyd cydweithrediad hapus rhyngom. Roedd Dei yn ddibriod, ac felly'n reit falch o ryw baned o goffi yn y bore pan fyddai'n ymwelydd rheolaidd â'r swyddfa. O ganlyniad i'r cydweithio, byddem yn trefnu'n reit ofalus fel na fyddai'r ddau fudiad yn cyfarfod ar yr un noson o fewn yr ardaloedd Cymraeg, a hefyd na fyddai gweithgareddau sirol yn gwrthdaro â'i gilydd. Credaf yn sicr i'r cydweithio hyn fod o fudd mawr i'r ddau fudiad, ac i'r Clybiau a'r Aelwydydd gryfhau o'r herwydd.

Drwy gydweithio a thrwy amrywio gweithgareddau'r Ffermwyr Ifanc i'r eithaf, daeth yn amlwg yn fuan fod nifer yr aelodaeth wedi cynyddu'n sylweddol. Mae'n debyg hefyd mai'r un syniad a gyfrannodd fwyaf tuag at hyn oedd y penderfyniad i rannu clybiau'r sir yn bedwar grŵp. Golygai hynny osod mwy o gyfrifoldeb ar fwy o'r aelodau. Ond un o'r manteision oedd y câi'r clybiau gwannaf gefnogaeth o fewn eu grŵp. Er enghraifft, lle'r oedd clwb bach am gynnal rhyw weithgaredd neu dderbyn hyfforddiant arbennig, medrent ymuno â chlwb arall o fewn yr un grŵp ar gyfer hynny. Hefyd, yn eu tro, byddai'r grwpiau'n derbyn y cyfrifoldeb am drefnu rhai o gystadlaethau mawr y sir, fel y Rali a'r Eisteddfod. Rhoddai hyn eto gyfle i'r clwb bach, lle gynt ni châi gyfle i fagu profiad.

Canlyniad hyn oll fu i'r sir ennill gwobr am y sir oedd wedi cynyddu ei haelodaeth fwyaf drwy Gymru a Lloegr, a gwahoddwyd cynrychiolwyr o Faldwyn i fynd i Lundain i'w derbyn. Penderfyniad y Pwyllgor Gwaith oedd i anfon John Jerman, y cyn-Gadeirydd; David Jones, y Cadeirydd ar y pryd; yr is-Gadeirydd, Glyn Lewis; y Llywydd, Edfryn Jones, a finne i fynd yno ar ran y sir. Rhaid bellach oedd mynd ati i wneud y trefniadau. Deallwyd y byddai'r Llywydd a'i wraig yn teithio ar y trên y diwrnod cyn y seremoni. Penderfynodd y gweddill ohonom y byddem yn teithio gyda'n gilydd mewn car, gan gychwyn gyda'r wawr o'r Trallwng. John Jerman fyddai'n gyrru, ac fel mae'n digwydd, rai dyddiau ynghynt, roedd wedi prynu car gan yr heddlu ac wedi cael ar ddeall y byddai'n barod y noson cyn i ni adael. Beth bynnag, yn hwyr y prynhawn hwnnw cafodd wybod na fyddai'r car yn barod am nad oedd y garej wedi cael cyfle i dynnu'r seiren allan ohono. Bu John yn dadlau'n frwd ac yn hir â'r Sarjiant, ac o'r diwedd meiriolodd hwnnw ar yr amod na wnaem ar unrhyw gyfrif ddefnyddio'r seiren.

Bu'n daith ddidrafferth nes i ni gyrraedd cyrion Llundain. Ond yn fuan iawn, gyda'r drafnidiaeth erbyn hyn yn annioddefol, roeddem yn rhedeg yn hwyr. Heb feddwl, bron, awgrymais y dylai John ganu'r seiren. Er mai cyndyn oedd o i wneud, fe gytunodd yn y diwedd. Ac yn union fel y Môr Coch gynt o flaen Moses, agorodd y drafnidiaeth o'n blaen ac i ffwrdd â ni bron iawn heb stop. Wrth oleuadau ger drws y neuadd daeth stiward allan i barcio'r car ar ein rhan. Llwyddasom i gerdded i mewn i'r neuadd gyda deng munud yn sbâr. Chwarae teg i'r pedwar swyddog, wrth iddynt gael eu gwahodd i siarad am eu sir a'i gweithgareddau, prin y byddech yn dychmygu eu bod wedi chwarae rhan pedwar plismon ychydig funudau'n gynharach. Pan gododd yr Arglwydd Halifax i gyflwyno'r tlws i'r Llywydd, teimlem fod y seiren wedi ateb ei phwrpas i'r dim.

Heddiw, wrth edrych yn ôl, teimlaf i mi gael mwynhau Mwynder Maldwyn ar ei orau. Cefais gydweithrediad di-ben-draw – gyda ffermwyr, rhieni a hyfforddwyr oll yn cefnogi – ac ni fedraf feddwl am unrhyw un a ddywedodd 'na' drwy gydol y cyfnod. Oherwydd i mi fod yn ddigon lwcus i ddod o dan adain y Pwyllgor Addysg, a chael fy nerbyn yn swyddogol fel aelod o'r gweithlu, cawn bob dymorth gan y gwahanol adrannau. Cefais y Cyfarwyddwr, Dr J. A. Davies, yn wych, a bu yntau'n llawn cefnogaeth i'r mudiad.

Cofiaf yn dda amdano un bore dydd Gwener yn ffonio draw ac yn gofyn a fyddwn cystal â pharatoi adroddiad iddo gan ei fod i siarad yng Nghynhadledd y Ffermwyr Ifanc ar y dydd Sul. Yn anffodus, roedd yn rhaid iddo fynd i ffwrdd i wahanol bwyllgorau addysg tan fore dydd Sadwrn. Ar y bore Sadwrn euthum â'r adroddiad iddo i'w gartref. Gofynnodd Mrs Davies i mi, gan y byddai ei gŵr i ffwrdd tan yr hwyr, a fyddwn gystal â'i yrru i fyny i Landrindod y bore trannoeth a dod â'r araith gyda mi.

Fore Sul dyma gychwyn o'r Drenewydd am y gynhadledd a finne'n estyn yr araith iddo. Cyn inni deithio pum milltir, cyn cyrraedd Dolfor, gosododd yr adroddiad yn ôl yn ei boced a bu'n sgwrsio am bob pwnc dan haul yr holl ffordd i Landrindod. Ar ôl esgyn i'r llwyfan, ni thynnodd yr adroddiad allan o'i boced a chyflwynodd wledd o gyflwyniad i'r gynhadledd. Roedd pawb yn gofyn wedyn sut y gallai dyn mor brysur ddod i wybod cymaint am y mudiad. Synnu oeddwn i at ei allu anhygoel i gofio cymaint o ffeithiau ar ôl un darlleniad. Lawer tro ers hynny, bûm yn deisyfu am gael y fath gof a'r fath allu.

Corff arall o fewn i'r sir fu'n gefnogol iawn i'r mudiad oedd pwyllgor Sioe'r Sir, a fyddai'n rhedeg y sioe flynyddol ar feysydd hyfryd Castell Powys yn y Trallwng. Byddem yn cael pabell enfawr yno ar gyfer cynnal ein gweithgareddau ac yna, ar ddiwedd dydd, byddem yn trefnu dawns yn Neuadd y Dref, ar y llawr cyntaf, gyda hen farchnad lysiau, dillad a llestri yn cael ei chynnal yn wythnosol ar y llawr isaf. Bob amser, ar noson y sioe, byddai swyddogion y sir yn sefyll hanner ffordd i fyny'r grisiau i dderbyn y pres a dosbarthu'r tocynnau heb fod nemor byth unrhyw helynt. Ond ar un noson arbennig dyma chwech o ddieithriaid yn cyrraedd. Roedd y rhain yn fechgyn garw eu golwg ac wedi bod yn yfed gormod er eu lles eu hunain. Yn amlwg, doedd yr un ohonynt yn bwriadu talu, a swyddogion y mudiad yr un mor benderfynol o'u hatal. Yn ystod y sgarmes a ddilynodd roedd dau o'r dieithriaid yn amlwg â'u bryd ar gipio'r bocs pres oddi ar y Trysorydd. Er iddo dderbyn sawl dyrnod galed nes bod gwaed yn llifo o'i geg, daliodd yn dynn yn y bocs, yn union fel petai wedi ei weldio wrtho. Yng nghanol hyn oll, cyrhaeddodd plismyn, ac wedi sgarmes aed â phedwar i'r ddalfa. Dihangodd y ddau arall. Trannoeth deallwyd mai gyrwyr lorïau'n aros dros nos yn y dre oedd y meddwon hyn. Roedd ein Trysorydd dewr wedi colli dau ddant, a swyddogion eraill wedi colli darnau o'u dillad. Chwarae teg i'r Trysorydd, teimlai fod yn well ganddo golli dannedd na cholli'r pres ac, wrth gwrs, cafodd ei lun yn y papur.

I mi, yr unig ofid a gefais yn ystod fy ngyrfa yno oedd ymweliad y clefyd ofnadwy hwnnw – Clwy'r Traed a'r Genau – â ffermwyr ochr ddwyreiniol y sir yn 1968. Bu'n rhaid dileu pob gweithgaredd a bûm yn gaeth i'r swyddfa am ddeufis a hanner. Bob bore, byddwn yn ffonio'r aelodau a'r rheiny oedd ar flaen y gad. Yn fuan deuthum i ddeall drwy oslef y lleisiau a fyddai'r Clwy wedi cyrraedd ai peidio. Do, collwyd nifer fawr o wartheg, defaid a moch a gwelodd nifer o ffermwyr ymdrech oes o fridio yn diflannu o flaen eu llygaid. Ond i bob cwmwl mae ochr olau, a daeth y gwanwyn gyda gobaith newydd yn ei gôl. A do, dychwelodd yr hen egni i'r ffermwyr ifanc.

Dod hefyd wnaeth cynnig i newid swydd a symud yn ôl i Dregaron, ac i Sir Aberteifi. Rhyfedd o fyd. Er mor anodd fu gadael dros Bumlumon am y Drenewydd ac i Faldwyn, pan ddaeth yr amser i adael, doedd troi'n ôl ddim hanner mor felys ag y byddwn wedi tybio.

Byw mewn Tref

Cyn anghofio Maldwyn, hoffwn sôn am y profiad o fyw fel teulu yn y Drenewydd, amser a brofodd i fod yn un hapus iawn, er y newydd-deb i mi ar y cychwyn.

Fe symudodd y teulu, sef Mari a Mererid y ferch, ataf ym mis Hydref 1963, ac yna ym mis Ionawr ganwyd Ifer y mab. Gellid haeru nad oedd yntau'n awyddus i fyw mewn tref gan iddo fod ymron dair wythnos dros ei amser yn cyrraedd.

Profodd safle'r byngalo, ar dir uchel uwchlaw'r dref, i fod yn un bendithiol, yn enwedig pan ddaeth y llifogydd mawr. Ar wahân i un neu ddau o deuluoedd, Cymry di-Gymraeg oedd deiliaid stad Tan-y-graig bron i gyd, a buan y gwelais gymaint o ymdrech fyddai ei angen er mwyn cadw'r plant yn Gymry. Clywn blant y stad yn dweud yn aml wrth Mererid, 'Why do you speak that old language?' Y broblem fawr oedd i Mererid ac Ifer ddechrau credu mai *ni* oedd yn rhyfedd yn hytrach na'r lleill, a bu Mererid yn y tŷ droeon nes cael ateb Cymraeg i bob cwestiwn.

Ond daeth llygedyn o oleuni wrth i Mari, ar ei theithiau i'r dre i siopa, gwrdd â rhieni eraill oedd yn Gymry Cymraeg ac yn awyddus i'w plant gadw'r iaith. Ar ôl siarad tipyn mwy a chael cyfarfod neu ddau, penderfynwyd gofyn i'r Cyfarwyddwr Addysg am gael dosbarth Cymraeg o fewn Ysgol Penygloddfa yn rhan ucha'r dre. Roedd yntau'n cydymdeimlo'n fawr, yn enwedig gan fod ganddo ddwy ferch fach, un ychydig yn hŷn na Mererid a'r llall yn iau, ac yntau fel ninnau am i'r plant gadw'u Cymraeg. Canlyniad y cyfarfod fu i ddosbarth gael ei sefydlu o fewn Ysgol Penygloddfa, i gychwyn ym mis Ionawr 1964. Fel aml i ymgyrch arall, gwan fu'r ymateb ar y dechrau, ac er mwyn cynnal y nifer gofynnwyd i ni a fyddem gystal ag anfon Mererid i'r ysgol a hithau'n dal i fod braidd yn ifanc. Roeddem yn falch o wneud hynny, er iddi yn ystod ei thymor cyntaf grio bob bore wrth fynd. Er hynny, mynnai'r athrawes ei bod hi'n hollol gysurus wedi i mi ddiflannu o'r golwg.

Yn sicr, llwyddwyd i newid agwedd y plant a bellach byddent yn ymarfer eu Cymraeg drwy'r dydd, yn cynnwys amser chwarae, gan fod modd eu cadw ar wahân i'r lleill. Wrth edrych yn ôl heddiw, credaf mai dyma beth gadwodd Gymraeg y criw bach mor loyw. Dros y blynyddoedd canlynol cynyddodd y nifer fwy a mwy. Erbyn heddiw mae'r dosbarth wedi tyfu i fod yn ysgol Gymraeg, gydag Ysgol Gymraeg Hafren yn un o'r ysgolion Cymraeg cryfaf yng Nghymru.

Hyd yn oed os nad oedd mwyafrif pobol y dre yn siarad yr iaith, rhaid cyfaddef bod rhyw gyfeillgarwch ac agosatrwydd arbennig yn perthyn iddynt. Wrth fynd i mewn i siop neu gerdded y stryd byddem, fel teulu, yn cael ein cyfarch fel hen ffrindiau. Er mor anghyfarwydd oeddwn ar y dechrau â byw mewn tref, anodd oedd peidio ag ymateb a setlo yng nghanol pobol mor addfwyn. Gan fy mod i'n gweithio yn y swyddfa yn ystod y dydd, ac allan gyda'r Ffermwyr Ifanc gyda'r nos, ychydig iawn o amser y medrwn ei rannu â'r plant.

Gwnawn ymdrech, felly, ar bob penwythnos i ymddwyn fel rhiant cydwybodol fel y gallent sylweddoli mai fi oedd eu tad.

Ar un o'r teithiau hyn gyda'r plant i lawr i'r dref oeddwn i un dydd Sadwrn a hynny, cofiwch, ganol y chwedegau pan oedd Mary Quant a'r sgert fini yn eu bri. Roeddwn hanner y ffordd i lawr Broad Street pan welwn gar yn dechrau croesi i'r ochr anghywir. Sylweddolais fod llygaid y gyrrwr wedi eu hoelio ar ferch ifanc gyda phâr o goesau hirion a dim ond rhyw lun o sgert yn ymestyn prin iawn at ei phen-ôl. Roedd hi'n amlwg fod y gyrrwr wedi ymgolli'n llwyr gan iddo gadw i symud nes iddo daro stondin ffrwythau'n garlibwns i'r llawr. Erbyn hyn, a'r car wedi stopio, y gyrrwr yn llawn embaras a pherchennog y stondin o'i gof, ciliais yn dawel i fyny rhyw stryd fach gefn heibio Woolworths rhag cael fy ngalw fel tyst. Lawer tro wedyn, meddyliais y dylai sgertiau cwta gario rhybudd: 'Perygl – peidiwch ag edrych!'

Fe ddylwn innau fod wedi bod yn fwy gofalus rhyw fore dydd Sadwrn gan i mi, dair wythnos yn gynharach, fynd â Mererid yn yr hen Skoda gyda fi i lawr i'r garej i nôl petrol. Ar fore dydd Sadwrn yn y Drenewydd cynhelid marchnad stryd gyda'r canlyniad y byddai dwy ochr Stryd y Parc yn llawn o geir wedi'u parcio; roedd hyn, wrth gwrs, cyn dyfodiad y llinellau melyn. Felly roedd hi'r bore arbennig yma, a Mererid a finne ar ein ffordd yn ôl a bron chwarter y ffordd i fyny Stryd y Parc pan welwn lorri lo yn dod i'n cyfarfod. Gwasgais bedal y brêc. Dyna pryd y sylweddolais fod rhywbeth o'i le. Roedd y brêc wedi methu. Dyma afael yng ngwallt

Mererid a'i thynnu i lawr at y llawr ac amneidio ar yrrwr y lorri i gadw draw mor bell ag y gallai. Roedd rhyw ddau lwmp fel dau lygad ar fwdgard blaen yr hen Skoda, a'r rheiny ychydig yn lletach na chorff y car, ac wrth basio'r lorri clywn sŵn cloncian. Wrth i mi edrych yn ôl, gwelais i mi gnocio dolenni drysau rhyw bum car i ffwrdd. Fe aeth y lorri lo yn ei blaen, a'r gyrrwr yn ddigon hapus. A chan nad oedd neb i'w gweld o gwmpas, meddyliais yr awn innau yn fy mlaen tuag adre. Ac felly y bu.

Gyrrais y Skoda ar ei ben i'r garej. Doedd yna'r un marc i'w weld arno ond disgwyliwn yr heddlu unrhyw funud. Ond ni chyrhaeddodd yr un... na chwaith yr wythnos wedyn. Yna, derbyniais y *County Times* y Sadwrn canlynol ac o dan hanes y Drenewydd gwelais bennawd yn cyhoeddi: 'Vandals hit Park Street'. Ac er mawr cywilydd i mi, gadewais i'r fandaliaid gael y bai. Wrth gwrs, ni ddaliwyd yr un fandal.

Fel y cyfeiriais ynghynt, roeddwn yn y Drenewydd adeg y llifogydd mawr. Mae'n debyg i mi ddod mor agos ag y gallwn byth at golli fy mywyd pan groesais yr Halfpenny Bridge yn y tywyllwch wrth ddychwelyd o Smithfield ar y noson fythgofiadwy honno. Y bore wedyn, pan agorais lenni ffenest y lolfa, gwelwn y cyrsiau golff fel môr, a dim ond dŵr i'w weld ym mhobman. Euthum i ddweud wrth Mari, ond bron iawn cyn i fi gyrraedd y llofft clywais guro uchel ar y drws. Yno roedd David Hall, Swyddog Ieuenctid y sir, a oedd wedi dod lawr i'r Swyddfa Addysg lle roeddem i gyd i fynd i ffurfio timau ar gyfer helpu teuluoedd, yn arbennig yr henoed, oedd â dŵr wedi llifo i'w tai. Ffurfiwyd un tîm i gynnwys David, G. G. Evans a finne i gludo bwyd poeth o gantîn yr ysgol i bawb oedd mewn angen. Felly y bu drwy'r dydd, a ninnau'n gorfod newid dillad yn aml gan ein bod yn gorfod ymlwybro i fyny at ein ceseiliau mewn dŵr.

Cofiaf am David, druan, yn gorfod mynd o flaen y ddau ohonom yn cario polyn hir i brocio yma ac acw rhag ofn bod twll yn y ffordd. Ar y pryd roedd G. G. a finne'n cario crochan yn llawn cawl poeth rhyngom. Yn sydyn, dyma David yn diflannu dros ei ben o'r golwg heb ddim ond ei gap i'w weld yn arnofio ar wyneb y dŵr. Bu'n dipyn o ymdrech i'w gael allan, a doedd y ffaith ei fod yn glamp o foi ddim yn help. Pan ddychwelodd atom, wedi newid ei ddillad, mynnodd fy mod i'n cymryd at y gwaith o arwain gyda'r polyn.

Do, fe gafwyd colledion mawr yn y Drenewydd yn ystod y cyfnod hwnnw a chredaf eto fod Mwynder Maldwyn wedi ei amlygu ei hun i'r eithaf yn yr argyfwng, yn enwedig lle'r oedd tai wedi eu difrodi i'r fath raddau fel y bu'n rhaid dod o hyd i gartrefi dros dro i nifer o bobl. Collodd siopau o leiaf hanner eu stoc. Roedd perthi ffermydd i lawr drwy'r dyffryn at Abermiwl yn llawn o fwydydd a dillad, fel broc môr wedi'r trai. Anodd heddiw, o ymweld â'r Drenewydd, yw credu fod dyfnder y dŵr ar brif strydoedd y dre wedi bod mor uchel. Roedd y llifogydd i fyny at wyth troedfedd, gydag arwyddion ffordd o'r golwg dan y dŵr.

Petai rhywun yn gofyn i mi heddiw, wrth edrych yn ôl, pa ddau ddigwyddiad fyddai'n fy atgoffa fwyaf o'r dref, ni fyddai gen i unrhyw amheuaeth. Byddwn yn ateb: y llifogydd a'r Eisteddfod Genedlaethol. Y gwahaniaeth rhwng y ddau ddigwyddiad, wrth gwrs, oedd i'r llifogydd gyrraedd yn gwbl ddirybudd, tra oedd yr Eisteddfod yn benderfyniad gan bobl yr ardal.

Roedd gwahodd yr Eisteddfod yn 1965 i'r Drenewydd, lle'r oedd mwyafrif y trigolion yn Saesneg eu hiaith, yn fenter aruthrol, ond menter – yn ôl fy marn fach i – a brofodd i fod yn llwyddiant. Un fintai a weithiodd yn galed oedd aelodau'r Gymdeithas Gymraeg yn y dref, a chyda help cymunedau i lawr at Lanbryn-mair ac i fyny at Ddinas Mawddwy, y Foel a Llanfihangel-yng-Ngwynfa, ffurfiwyd pwyllgorau cryf yn cynnwys llawer o dalent ac egni. Cyn pen dim, roedd ein tŷ ni fel stesion brysur; roedd pobl yn pasio'i gilydd i mewn ac allan, gyda Mari'n cymryd rhan yn y ddrama gomisiwn, *Rhian Perlog Li*, a gynhyrchwyd gan y ddiweddar Emily Davies o Adran Ddrama'r Brifysgol yn Aberystwyth. Roedd Emily'n wraig a oedd wedi troedio llwyfannau gorau'r wlad gan fynnu dim ond y safon uchaf.

Roeddwn innau ar wahanol bwyllgorau a hefyd yn trefnu gweithgaredd y Ffermwyr Ifanc o fewn dalgylch y Brifwyl. Rhaid felly oedd cael hyd i warchodwyr i'r plant, ac yma eto buom yn eithriadol o ffodus gyda Mrs Thomas a Mrs Phillips, y ddwy o Ddolfor a'r ddwy yn siarad Cymraeg, yn dod i'r adwy. Roedd gan y ddwy ohonynt blant yn aelodau yng Nghlwb Dolfor, ac roeddynt eisoes wedi helpu pan oedd Mari'n helpu'r clwb hwnnw gyda dramâu. Hebddyn nhw, yn sicr, ni fyddai Mari wedi gallu bod yn rhan o'r Ddrama Gomisiwn.

I lawer o'r Ffermwyr Ifanc, yn enwedig aelodau clybiau'r gororau, roedd gweithgareddau'r Eisteddfod yn gwbl newydd. Cofiaf yn dda, ar awr wan, i mi addo cynnal noson lawen yn y sinema ar un o nosweithiau'r Brifwyl ar gyfer rhai o fechgyn Clwb yr Ystog, sydd (fel y crybwyllais eisoes) ar y ffin â Sir Amwythig, a hwythau'n gofyn, 'Tell us, what is this Noson Lawson?'

Yn ystod y Rali ym mis Mai yr un flwyddyn roedd Clwb Trefeglwys wedi ennill cystadleuaeth y meim drwy ail-greu'r cwrdd gweddi cyntaf wedi'r Glaniad ym Mhatagonia. Gan fod y flwyddyn hon yn ganmlwyddiant y Glaniad, gofynnwyd i mi greu'r meim ar dri diwrnod ola'r Eisteddfod. Fe aeth pethe'n wych nes i rywun sylweddoli bod y Clwb, yn ôl trefn Sir Drefaldwyn, yn gosod gwybodaeth a chofnodi'r achlysur yn ddwyieithog ar fwrdd arbennig. Yn ystod un prynhawn, torrwyd y bwrdd, ac roedd bysedd yn pwyntio at Gymdeithas yr Iaith Gymraeg. Teg dweud i mi geisio tawelu'r dyfroedd cyn i'r weithred arwain at ryfel cartref. Ac fe dawelodd pethe, a chefais innau lonydd o'r diwedd i fynd am baned yn chwys diferol.

Yn y dref ei hun doedd y tafarnwyr erioed wedi gweld y fath beth, ac os nad oeddech yn adnabod y tafarnwr neu fod gennych eich gwydryn eich hun, ni fyddai gobaith o gael diferyn. Cofiaf yn dda am Eirwyn Pontshân, y cymeriad lliwgar hwnnw, yn Nhafarn yr Arth – sydd wedi hen ddiflannu erbyn hyn – gyda dau wydryn, a chortyn cryf yn clymu'r naill wrth y llall gerfydd eu dolenni, gyda'r cortyn hwnnw wedyn ar draws ei gefn. Do, daeth llu o gymeriadau i'r dref, llu o Gymry yn eu miloedd, gan foddi'r lle am yr eilwaith mewn dwy flynedd – ond y tro hwn o dan don o Gymreictod.

Gan fod Cymreictod y dref yn wan, edrychwn ymlaen at

un noson bob mis pan fyddai'r Gymdeithas Gymraeg yn cwrdd, a byddwn yn gweithio'n galed i gadw'r noson honno'n rhydd bob tro. Unwaith bob blwyddyn byddem yn cynnal eisteddfod ymhlith yr aelodau, a mawr fyddai'r edrych ymlaen at y miri a'r cystadlu. Unwaith neu ddwy cafodd Mari a finne lwyddiant mawr, a'r troeon hynny byddem yn dod adre fel petaem wedi ennill yn y Genedlaethol. Un peth sy'n sicr, fe grewyd rhyw deimlad o agosatrwydd mawr rhwng yr holl aelodau, a hyd heddiw, wrth i ni gwrdd o dro i dro, byddwn yn cyfarch ein gilydd fel ffrindiau oes. Mae'n debyg fod pwll o Gymreictod yng nghanol môr o Seisnigrwydd wedi bod yn fwy o gynhaliaeth nag oedd rhywun yn ei dybio ar y pryd.

Heddiw, yn sgil y mewnlifiad sylweddol i gefn gwlad, nid yw byw mewn cymdeithas ddwyieithog yn gymaint o ryfeddod. Ar ben hynny hefyd roeddem yn byw ar stad – sefyllfa arall a oedd yn newydd iawn i ni ar y pryd. Er ein bod yn byw yn y gornel, roedd Mr a Mrs Thomas ar un ochr a Mr a Mrs Ritchings ar y llaw arall. Dau wedi ymddeol oedd y Thomasiaid, a hithau'n cadw'r tŷ fel darn swllt newydd. Fel arfer byddai'r hen Mr Thomas yn gorfod mynd allan i'r ardd i smocio, gan ofalu bob tro fod y mwg yn chwythu i ffrwdd o gyfeiriad y tŷ. Pe digwyddai i'r plant ar ryw siawns chwarae ar y darn tarmac a oedd yn arwain at eu garej, caent eu danfon yn syth oddi yno, a byddai'r brwsh allan rhag ofn fod yna smotyn o faw neu lwch ar eu holau. Cofiaf yn dda unwaith, a finne â rhes o fresych yn tyfu wrth ochr y terfyn pren oedd yn gwahanu'r ddwy ardd, weld Mrs Thomas yn dod at Mari i gwyno fod lindys o'r dail yn dod drosodd i'w gardd hi. Pan ddes i adre, a'r hwyl ddim yn dda, fe luchiais y bresych i gyd i'r cae drws nesaf, lle bu'r defaid fawr o dro yn eu bwyta. Cadwodd Mrs Thomas allan o ffordd y Cardi gwyllt am rai wythnosau wedyn.

Menyw dawel iawn oedd Mrs Ritchings, yn treulio cyfnod o bob dydd yn cerdded ei hen gi i lawr i'r dref ac yn ôl. Roedd ei gŵr yn glamp o foi a fu'n focsiwr pwysau trwm tra bu yn yr Awyrlu, ond bellach roedd yn un o arolygwyr y prawf gyrru allan o'r swyddfa yn y Drenewydd. Daeth Mrs Ritchings a Mari'n ffrindiau mawr, a galwai i mewn yn aml i gwyno am gyflwr y ci fel petai hwnnw'r peth pwysicaf a ddaeth i'w bywyd erioed. O'i weld, doedd dim angen bod yn fet i sylweddoli nad oedd ei ddyddiau ar y ddaear i fod yn niferus. Yn wir, un noson ar ôl i mi ddod adre, dywedodd Mari fod yr hen gi wedi marw, a bod Mrs Ritchings am fy ngweld. O fynd draw ar ôl swper a chydymdeimlo, cefais wybod ei bod am i mi, wedi iddi nosi, dorri bedd iddo yn ei gardd ac y byddai'r ddau ohonom wedyn yn ei gladdu'n barchus. Cynhebrwng gwbl breifat a gafwyd, gyda dim ond ni ein dau yno. Roedd ei gŵr wedi dweud 'put him down' rhyw fis yn gynharach, mae'n debyg, ac o ddweud hynny wedi torri ei hun allan o restr y galarwyr. Bu'r greadures yn bur isel am gryn amser, gan wrthod mynd i unlle ond draw atom ni. Ni fentrodd brynu ci arall.

Yn fuan wedyn, a Mari wedi swnian droeon y dylem ninnau gael ci, deuthum adre un prynhawn a chanfod y plant yn cofleidio clamp o gorfilgi ('whippet'). Petawn wedi gorfod dewis, mae'n debyg mai dyma fyddai'r brîd olaf ar fy rhestr. Ond doedd dim yn tycio, a Mari eisoes yn chwifio darn o bapur oedd yn dangos fod gan y ci bedigrî a âi yn ôl yr holl ffordd at Gelert ei hun. Bob yn dipyn deuthum i ddeall iddi ddod ar draws y ci ar y ffordd adre o'r ysgol, pan gyfarfu â rhyw hen foi a boenai am na allai bellach gerdded y creadur. Stori deircoes, os bu un erioed! Beth bynnag, roedd hi bellach yn rhy hwyr a bu'n rhaid dysgu byw â'r ci.

Roedd Mari nawr yn fy annog i ddod yn ffrindiau â'r creadur ac i fynd ag ef gyda fi yn y car fin nos yn gwmni wrth fynd allan at y gwahanol glybiau. Fel y digwyddodd pethe, roeddem i fod i fynd i lawr adre i'r Bont y Sadwrn canlynol, a dyma fynd â'r ci gyda ni, a'r creadur yn reit hapus yn y cefn gyda'r plant. Ar ôl cyrraedd pen y daith, euthum â'r ci ar draws y caeau i weld a oedd ynddo elfen daliwr cwningod. Cafwyd amser da, a buom yn ddigon ffodus i ddal dwy gwningen, a'r hen gi erbyn hyn wedi llwyddo i ennill tipyn o barch wrth droi yn ôl am y Drenewydd.

Y nos Lun ganlynol, gosodais y ci yng nghefn y Skoda ac i ffwrdd â fi i bwyllgor yng Nghaersws, cyfarfod yn ymwneud â'r Rali. Tra oeddwn i'n pwyllgora, gadewais y ci yng nghefn y car. Deuthum allan ymhen dwyawr a chanfod y sedd gefn yn yfflon rhacs, heb ddim ond y sbrings ar ôl. Petai neb o gwmpas, mae'n siŵr y byddwn wedi rhoi cweir go iawn iddo, ond gyda chynifer o gwmpas, bu'n rhaid mynd adre a thorri'r newyddion i Mari. Wrth gwrs, lle'r oedd y ci yn y cwestiwn, ni chefais fawr o gydymdeimlad, a hithau o'r farn mai fi oedd ar fai ac wedi codi ofn ar y ci. Er yr holl ddadlau, roedd hi'n benderfynol o gadw'r ci, ac felly y bu tan y dydd Mercher canlynol pan oedd Mari'n gorfod bod gyda Mererid ac

Ifer yn yr ysgol ar gyfer rhyw gyngerdd neu'i gilydd. Bu'n rhaid gadael y ci adre. Pan ddychwelodd Mari, canfu mai dim ond ffrâm y soffa oedd ar ôl, a'i gweddillion ar draws y stafell fel broc môr. Pan gyrhaeddais i adre o'r swyddfa a gweld yr holl lanast, doedd dim maddeuant i fod y tro hwn. Tebyg mai dyma pam y cawsom y ci am ddim! Daeth geiriau Ned y bugail yn ôl i'm cof: 'Ci trwbwl yw ci am ddim bob amser'.

Os oedd rhaid gwaredu'r ci, rhaid hefyd oedd gwaredu'r Skoda. Wedi'r cyfan, pwy fyddai eisiau car heb sedd ôl? Cofiaf unwaith weld hen ffermwr yn cario lloi bach o'r farchnad yn sedd gefn ei gar, ond go brin fod neb yn gwneud hynny bellach. Doedd y Skoda ar y pryd ddim yn werthwr da, beth bynnag, ac yn sicr roedd Skoda heb sedd gefn bron yn ddiwerth. Gan fod y sefyllfa ariannol yn wan, y canlyniad fu prynu fan Mini newydd, cerbyd a roddodd wasanaeth dilychwin am rai blynyddoedd. Bu prynu'r fan yn fodd i berswadio Mari i ailfeddwl am ddechrau gyrru, ac i roi cynnig ar y prawf gyrru. Gwyddwn, unwaith y byddai'r ddau blentyn yn yr ysgol amser llawn, y byddai Mari'n awyddus i ailgychwyn ar ei gyrfa fel athrawes, hyd yn oed petai'n rhan-amser, a hynny'n bennaf er mwyn gwella'r sefyllfa ariannol. Felly, pan fyddai gen i ambell noson neu brynhawn yn rhydd, byddwn yn ei dysgu i yrru. Yn anffodus dyma hefyd gychwyn cyfnod anodd, gyda'r ddau ohonom yn dod adre yn aml ar delerau drwg, ac weithiau hyd yn oed yn gwrthod siarad â'n gilydd. Cofiaf y *three-point turn* hwnnw, a Mari'n mynd 'nôl yn erbyn polyn teligraff. Wrth gwrs, arnaf i oedd y bai am beidio dweud wrthi fod y polyn yno! Dro arall, beiodd y fan am fod yr ochrau'n gaeedig a hithau'n methu â gweld allan. Do, fe ddaliodd y briodas yn gadarn, ond – fel y fan – gyda tholc neu ddau.

Yna, fe ddaeth diwrnod y prawf. Dim brecwast i Mari. Dau neu dri ymweliad â'r tŷ bach, a bant â ni at swyddfa'r arholwr, a Mari'n gweddïo nad ein cymydog, Mr Ritchings, fyddai'r arholwr. Cuddiais nid nepell o'r fan, a beth welwn i ond Mr Ritchings yn dod allan o'i swyddfa. Gwelwn wyneb Mari'n troi mor llwyd â channwyll frwyn. Wrth ei chlywed yn palfalu wrth geisio cychwyn yr injan, gwyddwn yn syth mai methiant, gydag 'M' fawr, fyddai'r ymdrech. Chwarae teg i'r hen Ritchings, bu'n hynod garedig, ond roedd ei weld wedi bod yn ddigon i chwalu nerfau Mari. A bu'n rhaid iddi gychwyn eto.

Beth bynnag, nid oedd angen gofidio am arholwr yn y Drenewydd wedyn gan i fi wneud penderfyniad i gynnig am swydd arall a fyddai'n mynd â ni'n ôl i Sir Aberteifi. Er i Mari a fi gytuno y byddai'n well iddi ddyfalbarhau gyda'i gyrru, a rhoi cynnig ar brawf arall, penderfynais y byddai'n rhaid iddi gael gwersi gan hyfforddwr proffesiynol – hynny er lles fy iechyd i, ac i atal fy nerfau rhag mynd yn rhacs. Felly y bu ar ôl dychwelyd i'r hen sir, a chofiaf y wên fawr ar wyneb Mari pan ddaeth hi allan o'r car yn Llambed wedi pasio'i phrawf!

Cyfeiriais yn gynharach at y plant a'r ysgol, neu'n fwy cywir y plant a'r dosbarth Cymraeg o fewn yr ysgol. Ac efallai mai yn ystod y cyfnod o flwyddyn cyn i Ifer fynd yno'n llawn amser y cefais ambell broblem. Mae'n debyg, o edrych yn ôl, fod stad Tan-y-graig yn un o'r rhai cyntaf i'w chodi ar gynllun agored. Y canlyniad oedd absenoldeb cloddiau a therfynau o flaen yr un o'r tai. Er enghraifft, petai un o'r trigolion yn mynd allan yn y car a heb gau drws y garej, hawdd fyddai i rywun gerdded i mewn iddi.

Roedd tŷ Mr Phillips, rheolwr Banc Barclays lle byddwn i'n cadw fy nghyfrif, ar waelod y stad. Mae'n debyg iddo un bore fynd i'w waith yn ei gar gan adael drws y garej yn agored. Yn hwyrach yn ystod y bore, crwydrodd Ifer ac un o'i ffrindiau bach, Siân Pope, i lawr tuag at y tŷ, ac o weld drws y garej yn agored, aethant i mewn a dechrau chwarae. Ymhlith pethau eraill, aethant ati i gymysgu mawn o'r bocs garddio gerllaw â phetrol. Cyrhaeddodd Mrs Phillips a'u danfon adre cyn ffonio'i gŵr, a oedd wrth ei ddesg yn y banc. Roedd hwnnw, er y gallai fod yn ddigon rhyfedd, wedi bod fel tad i mi, a heb amheuaeth iddo ef y mae'r diolch am fy arwain drwy'r diffeithwch ariannol. Ni allaf, fodd bynnag, anghofio'r olwg ar ei wyneb pan gerddodd i mewn i'm swyddfa tua hanner awr wedi deg y bore hwnnw. Gwrthododd eistedd i lawr, a gofynnodd i Miss Jones a fyddai cystal â'n gadael ar ben ein hunain am ychydig. Meddyliais ar unwaith fy mod i wedi mynd yn fethdalwr a bod dydd y farn wedi cyrraedd. Ei eiriau cyntaf oedd: 'I've come on a very important matter, Mr Arch.' Suddodd fy nghalon i ddyfnder fy sgidiau, ond daliwn i'w chlywed yn curo fel morthwyl chwarelwr. Aeth Mr Phillips ymlaen i ddweud fod ei wraig wedi dal Ifer a'i ffrind yn chwarae yn y garej â phetrol a mawn gardd. O glywed hynny, cododd fy nghalon yn ôl rywle at fy mhennau gliniau. Ac o rywle, wn i ddim o ble, daeth fflach o syniad, yr hyn a elwir yn Saesneg yn brên-wêf. Mewn llais hynod boléit, dywedais,

'Mr Phillips, you mean to tell me that you've been storing petrol in an open garage on an estate?'

Ches i ddim cyfle i ddweud mwy. Allan yr aeth fel bollt, a'i wyneb yn wyn fel y galchen. Daeth Miss Jones i mewn gyda phaned o goffi; bron nad oedd fy nwylo'n crynu gormod i'w dal, heb sôn am ei lyncu. Yn ôl â fi i'r stad a siarsio Mari i gadw golwg fanylach ar Ifer o hynny ymlaen, gan ychwanegu fod y cydweithrediad rhwng y banc a finnau'n siŵr o fod ar ben. Ond chwarae teg i'r hen Phillips, aeth popeth yn ei flaen fel cynt. Ond ni welwyd drws y garej yn agored byth wedyn.

Y tebygolrwydd oedd bod y ddau blentyn wedi gweld y bore'n hir, a'r plant eraill yn yr ysgol. Digwyddodd rhywbeth tebyg ar y bore hwnnw pan gefais alwad gan Bill Hopkins, ffrind i mi oedd â diddordeb mawr mewn blodau. Roedd Bill wedi prynu tiwlips yn uniongyrchol o'r Iseldiroedd, a'r rheiny wrth dyfu yn dangos tri phen, pob un â lliw gwahanol. Yn dilyn ei alwad euthum i fyny ar fy union a chanfod bod Ifer a Siân y tro hwn wedi torri coesau'r blodau yn isel ar y ddaear ac wedi ail-blannu'r blodau yn y pridd. Chwarae teg i Bill; er gwaetha'i siom, maddeuodd iddynt a daeth y ddau ohonom yn ffrindiau agosach.

Bu'n rhaid i Bill, druan, a'i wraig Gerry wynebu storm fawr flwyddyn yn ddiweddarach pan ddarganfuwyd fod eu baban cyntafanedig yn marw o gancr yr esgyrn. Treuliodd y ddau ohonynt fisoedd olaf bywyd y bychan yn yr ysbyty, ac addewais innau ofalu ar ôl y tŷ, ac yn bennaf ar ôl eu gast Lulu, o frîd 'basset hound' – tebyg i gi llathen, ar lafar gwlad. Rhyfedd o fyd. Y noson y bu farw'r bychan, rhoddodd Lulu enedigaeth i naw o gŵn bach. Roedd y creaduriaid mor annwyl fel y byddai plant y stad wedi eu cadw i gyd pe byddent wedi cael eu ffordd.

Yn ystod ein cyfnod ym Maldwyn, gwelsom garedigrwydd nifer o bobl nad oedd, rai blynyddoedd ynghynt, erioed wedi clywed am y cyfenw Arch. Bu Miss Morgan Jones, druan, yn graig o gadernid i mi am flynyddoedd yn y swyddfa gydag Emrys James ar draws y rhodfa yn adeilad yr NFU bob amser yn barod i gefnogi a chynnig barn werthfawr. Yn y Swyddfa Addysg byddai'r Dr J. A. Davies a'i staff bob amser yn gefnogol, ac yn yr Adran Amaeth cefais lawer o gymorth gan E. L. Williams, mab-yng-nghyfraith Emrys James.

Ar y stad yn Nhan-y-graig gwelsom orau pobol fel Edith Evans a'i gŵr Vernon; Mair Pope a'i gŵr Brian; Iris Jarman a David ei gŵr; ac er mai eglwyswyr oeddem ni, gwelsom hefyd orau'r Parchedig Lesley Jones a'i briod Beryl. Bu Edith Evans yn dod â'r plant i lawr i'r dref i gwrdd â Mari wedi iddi ailddechrau dysgu yn Ysgol Stryd y Parc, a phob Nadolig byddai'r gweinidog wrth ei fodd yn cuddio anrhegion y plant i ni, gan ddod draw cyn canol nos â sach fawr.

Hyfryd hefyd oedd cael mynd draw i'r fferm at Doris a Dennis Jones, hi'n dod o Aberaeron, am ryw egwyl fach, a'r plant yn cael cyfle i chwarae gyda'i gilydd. Ac am Mari, ni fyddai byth wedi medru mynd allan o'r tŷ fin nos oni bai am garedigrwydd y ddwy wraig o Ddolfor, Mrs Phillips a Mrs Thomas.

Do, fe wawriodd dydd Llun arall, a'r tro hwn rhaid oedd troi am y de ac i gyfeiriad Cors Caron. Ond am rai misoedd bu'n rhaid teithio'n ôl a blaen nes gwerthu'r byngalo yn Nhan-y-graig. Bu hwn eto, fel cynt, yn

gyfnod o adael y tŷ am saith fore dydd Llun a chyrraedd
yn ôl yn hwyr ar nos Wener, nes cael caniad sydyn un
bore i ddweud fod y tŷ wedi'i werthu, a'r perchnogion
newydd am symud i mewn yn sydyn.

Criw'r Trefnyddion

Cyn troedio tir y Cardi unwaith eto, rhaid sôn am y criw trefnyddion y bûm yn rhan ohono yn ystod fy nghyfnod gyda'r Ffermwyr Ifanc. Yn y dyddiau hynny roedd gan bob sir Drefnydd – a'r siroedd, wrth gwrs, dan yr hen drefn yn hytrach na bod yn rhan o'r patrwm presennol.

Byddai rhai ohonom yn gwneud llawer i helpu'n gilydd, ac weithiau'n gweithredu fel beirniaid o fewn siroedd eraill. Er enghraifft, bûm lawer tro ym Meirionnydd fel beirniad gan helpu adeg y Rali, a daeth Emyr Jones yntau i Faldwyn ar wahanol adegau. Roedd Bryn James, Trefnydd Sir Aberteifi, a finne'n ffrindiau mawr ac yn helpu'n gilydd gydol yr amser, bron iawn.

O edrych yn ôl, mae'n debyg mai Bryn ac Emyr oedd y ffrindiau pennaf, a bu'r tri ohonom yn teithio gyda'n gilydd i amryw o gynadleddau. Roedd Emyr wedi treulio cyfnod yn y fyddin pan oedd yn iau ac yn feistr ar ddarllen map. Golygai hynny mai fi fyddai'n gyrru bron bob amser gan adael y gwaith o ddilyn map a chyfarwyddo i Emyr, a'r cyfarwyddiadau hynny'n gywir bob tro. Fe wnaeth y ddau ohonom hefyd gychwyn ar ein swyddi bron iawn yr un pryd, ac fel newydd-ddyfodiaid i'r gwaith cawsom orchymyn i fynd i Lundain i'r Pencadlys Prydeinig – hynny yn bennaf er mwyn cyfarfod â'r prif swyddogion yn y gwahanol adrannau a chael gwell dealltwriaeth o strwythur y mudiad.

Yr adeg honno roedd y brif swyddfa yn Gower Street, reit wrth ymyl Coleg RADA, a llawer i dro yn ddiweddarach gwelais actorion adnabyddus yn mynd i mewn ac allan o'r adeilad. Un tro, cofiaf yn dda i mi weld Hugh Griffith yn cerdded i fyny'r stryd gan chwifio'i ffon a siarad yn uchel wrtho'i hun. Bu'n edifar gen i wedyn na wneuthum fagu digon o hyder i fynd ato a chael gair ag actor yr oeddwn yn ei edmygu'n fawr. Rai blynyddoedd yn ddiweddarach cymerais ran mewn cystadleuaeth ddrama lle'r oedd ei chwaer, Elen Roger Jones, yn feirniad, a bûm yn ddigon ffodus i gael beirniadaeth dda ganddi.

Fel pe na bai'r berthynas glòs ddaearyddol rhwng pencadlys y Ffermwyr Ifanc a'r byd actio'n ddigon agos, roedd is-bennaeth ein mudiad ni, sef gŵr o'r enw Mower White, yn frawd i'r actor Wilfred Hyde White. O ddod i adnabod Mower yn well, gwelwn lawer iawn o debygrwydd rhwng y ddau, yn enwedig y wedd a welwn ar wyneb Wilfred mewn cynifer o'i ffilmiau.

I ddod yn ôl at Emyr, nid oedd angen gofidio wrth yrru na fyddai ei gyfarwyddiadau bob tro yn fy arwain at ble bynnag fyddai pen y daith i fod. Mewn lle fel Llundain, roedd ei gyfarwyddiadau mor fanwl fel y byddai'n gofyn i mi newid lôn mewn da bryd er mwyn symud yn esmwyth o'r chwith neu i'r dde, yn ôl y galw. Mae'n siŵr gen i, petai map addas ar gael, y buasai wedi fy arwain i'r lleuad – hynny yw, petai digon o dân yn nhin y Skoda.

Fel pob mudiad, mae'n debyg, byddai gofyn i ni'r Trefnwyr fodloni ar fynychu un, ac weithiau ddau, gwrs bob blwyddyn. Daeth un o'r galwadau hyn i Bryn James a finne i fynychu cwrs oedd yn ymwneud ag ymateb pobol ifanc i waith gwirfoddol. Roedd y cwrs wythnos i'w gynnal ym mis Chwefror, a hynny yn Bourton-on-the-Water, ac oherwydd ei fod yn cychwyn am naw fore dydd Llun, rhaid oedd cyrraedd nos Sul.

Dyma'r ddau ohonom yn cyrraedd tua phedwar o'r gloch yn y prynhawn ac yn sylweddoli ein bod yn lletya, nid mewn gwesty, ond mewn canolfan ddirwestol yn cael ei redeg gan ddwy hen wreigan. Rhaid bod y ddwy wedi bod yn byw yn Siberia neu rywle tebyg gan nad oedd yno wres na thân yn y lle, gyda'r stafell ar gyfer Bryn a finne'n union o dan y to. Bu bron iawn i'r ddau ohonom droi'n syth am adre, ond roedd gwaeth i ddod. Cafwyd ar ddeall y byddai swper oer ar gael am hanner awr wedi pump, a'r drysau'n cael eu cloi am hanner awr wedi deg. I swper, cafwyd dail letys, a'r rheiny'n blasu fel unrhyw ddail letys mis Chwefror, tra oedd yr ham yn blasu fel pe na bai wedi bod ag unrhyw gysylltiad â mochyn erioed. I ddilyn, cawsom hanner oren yr un a phaned o de oedd yn rhy wan i ddod allan o'r tebot heb help. Gwyddwn wrth fynd allan i chwilio am dŷ tafarn, a'r eira'n disgyn erbyn hyn, fod hon yn mynd i fod yn wythnos i'w chofio, ac mai'r nod pwysicaf bellach fyddai goroesi tan y nos Wener ganlynol.

Bu'n gythraul o benderfyniad caled yn hwyrach y noson honno i adael y lle tân yn y dafarn gynnes a mynd yn ôl, y ddau ohonom erbyn hyn â photel o wisgi'r un yn ei boced. Beth bynnag, wrth basio drws y gegin ar ein ffordd i'r llofft, beth welem ond dwy botel dŵr poeth, yn amlwg wedi eu llenwi gan geidwaid y llety. 'Os nad wyt gryf, bydd gyfrwys,' medde'r hen air. A heb feddwl dim rhagor, dyma gamu drwy'r drws a chipio'r ddwy botel. A bant â ni i'r llofft. Rhwng y ddwy botel dŵr poeth a'r ddwy botel o wisgi llwyddwyd i weld bore dydd Llun, a thrwy'r wythnos ganlynol ni wnaeth neb sôn am y poteli dŵr poeth. Byddai Bryn a finne'n eu gadael bob bore yn y car, ac yna'n eu llenwi yn y dafarn bob nos cyn cychwyn yn ôl am y barics.

Yn gynnar iawn yn yr wythnos daeth Bryn a minne i ddeall, os byddai bwyd ar ôl wedi cinio canol dydd, y byddai'n ymddangos drachefn amser swper. Serch hynny, fe ddaeth y nos Wener a chafwyd yfflon o bryd o bysgod a tships ar y ffordd adre. Pan gyrhaeddodd ffurflen yn ddiweddarach ar gyfer gwerthuso'r cwrs – a honno, fel popeth a ddeuai dros Glawdd Offa, yn Saesneg – sgrifennais mewn inc coch y gair 'uffernol' ar ei thraws ac ni chlywais ddim byd byth wedyn.

Ar wahân i gyrsiau a chynadleddau, byddai Bryn a finne'n trefnu i gyd-deithio'n aml pan fyddai ffermwyr ifanc o'r ddwy sir yn cystadlu, ac un o'r troeon hynny oedd Sioe Fawr Stoneleigh. Cofiaf unwaith drefnu i ni gyfarfod yng Ngheintyn, sydd ar yr A44, ffordd sy'n arwain tua'r sioe. Roedd hyn, wrth gwrs, ymhell cyn y ffyrdd aml-lôn sy'n bodoli heddiw – a chyn dyddiau'r ffôn boced hefyd. Dyma gyrraedd Ceintyn, a dim sôn am Bryn. Oedais yno am hydoedd cyn penderfynu, o'r diwedd, mynd ymlaen hebddo gyda'r criw o Sir Drefaldwyn. Gwelais Bryn yn ddiweddarach yn y sioe a deall iddo wneud camgymeriad ac iddo aros amdanaf yn Knighton, sef Trefyclo, ac iddo yntau roi'r gorau i ddisgwyl amdanaf i a mynd yn ei flaen!

Y noson honno roedd y ffermwyr ifanc am fynd i'r

ddawns cyn troi'n ôl am adre. Dyma Bryn a finne'n gadael ein ceir ym maes parcio'r sioe ac yn cerdded draw i'r gwesty am bryd o fwyd a chlonc. Mae'n siŵr iddi fod tua hanner nos cyn cael y bobl ifanc yn barod i droi tua thre. Aethom at ein ceir. Roedd y sioe ar lan afon, ac erbyn hyn roedd hi'n niwl tew fel cawl pys ym mhobman. Bu chwilio egr am y ceir ac yn y diwedd, erbyn dod o hyd iddynt, rhaid bod awr arall wedi mynd heibio. Cofiaf yn dda ddod i lawr dros y mynydd o Ddolfor a gweld y wawr yn torri dros y Drenewydd. Pan gyrhaeddais y swyddfa tua chanol dydd, rhaid bod Miss Jones yn meddwl fy mod i'n edrych gryn ddeng mlynedd yn hŷn.

Mae'n bosibl na fwriadwyd i Bryn a finne fynd i ffwrdd gyda'n gilydd gan y byddai rhywbeth yn siŵr o fynd o'i le bob tro. Ddiwedd haf unwaith derbyniais neges sydyn o Lundain gyda manylion am gwrs i'w gynnal yng ngogledd-ddwyrain Lloegr, yn Swydd Northumberland, cwrs a oedd i redeg o ddydd Llun hyd ddydd Llun, ac mai Bryn fyddai fy nghydymaith. Roedd y cwrs yn ymwneud â diddordebau pobl ifanc, a dulliau o feithrin diddordebau newydd.

Yn wahanol iawn i'r cwrs arall hwnnw – wn i ddim a oedd rhywun wedi cyfieithu'r gair 'uffernol' – fe'n gosodwyd y tro hwn mewn gwesty, lle'r oedd y bwyd yn wych. Aeth popeth yn iawn tan y dydd Sadwrn pan, yn ôl y rhaglen, roedd taith arbennig wedi'i threfnu. Roeddem yn reit agos at y môr, ac ar arfordir y sir mae ynysoedd Farne. Y bore hwnnw cawsom orchymyn i wisgo dillad glaw ac i ymgynnull y tu allan i'n gwesty. Aed â ni at lan y môr lle'r oedd cwch rhwyfo yn ein haros. Bellach daeth yn amlwg fod disgwyl i ni rwyfo ar draws y swnt, a oedd yn reit gul, at un o'r ynysoedd lle'r oedd Lindisfarne. Wedi cyrraedd yno, roedd ein traed yn reit wlyb ac, wrth gwrs, wedi'r holl rwyfo, roedd gweld y poteli medd yn yr hen fynachlog yn eli i'r galon. Dyma eistedd i lawr a dechrau mwynhau gan anghofio y byddai disgwyl i ni rwyfo'n ôl. Digon yw dweud i'r fordaith yn ôl fod yn anodd, a dweud y lleiaf. Rhwng salwch môr, a cholli rhwyf neu ddwy, byddem yn dal yno heddiw oni bai i gwch arall gael ei anfon i'n cyrchu i'r lan. Ni fu gen i'r un awydd i fynd yn forwr – nac yn yfwr medd – byth wedyn.

Fe aeth y cynadleddau hyn ymlaen gydol yr amser y bûm yn Drefnydd, a chawn y teimlad fod y brif swyddfa'n eu gweld fel rhyw fath o wobr yn hytrach nag ystyried sut y gallai'r cynnwys wella sgiliau'r unigolyn. O ganlyniad i gael blwyddyn dda ym Maldwyn yn 1964, a'r aelodaeth wedi codi'n sylweddol, daeth galwad i mi fynd i Salisbury ar gwrs pythefnos ddiwedd Gorffennaf a dechrau Awst, a hynny adeg tywydd poeth iawn. Teimlwn braidd yn anesmwyth yn sôn am y cwrs wrth weddill y Trefnwyr yng Nghymru, yn enwedig gan nad oedd yr un ohonynt wedi cael gwahoddiad. Teimlwn mai yn rhannol, yn sicr, y bu fy nghyfraniad i at y cynnydd uchel yn nifer yr aelodaeth. Roedd hynny oherwydd na fu Trefnydd yn y sir y flwyddyn flaenorol, ac o'r herwydd roedd unrhyw gynnydd yn yr aelodaeth yn ymddangos yn fwy sylweddol. Beth bynnag, mynd fu raid a theimlwn y byddai Mari wedi hoffi ychydig o wyliau i'r plant, er nad oedd unrhyw wybodaeth wedi cyrraedd ar gynnwys y cwrs.

Dyma gyrraedd y lle a chanfod ein bod i aros mewn adeilad digon moel ar ei ben ei hun yng nghanol yr hyn a fu unwaith yn wersyll milwrol. Wrth i ni gerdded i mewn i'r campws, doedd yno neb i'n croesawu ni na gweddill mynychwyr y cwrs. Yn fuan iawn deuthum i ddeall fod yna groestoriad eang, gyda nifer o wahanol fudiadau yn cael eu cynrychioli. Yn ein mysg, ac yn reit swnllyd, roedd rhyw Sarjiant Major o'r fyddin, a hwnnw am weld yn syth bìn beth fyddai cynnwys y cwrs. Cyn belled ag y medrwn weld, yr unig fanylion i ymddangos oedd rhifau ein gwahanol stafelloedd cysgu, ac un stafell fawr wedi ei gosod allan fel lolfa. Roedd yno hefyd ryw lun ar gegin, ac o edrych i mewn tua saith o'r gloch, gwelwyd fod bwyd wedi'i osod allan gyda sudd oren neu botel o gwrw ar gyfer pawb. Er bod y bwyd yn iawn, doedd dim byd arbennig yno. Ond fe anghofiodd pawb am y bwyd o sylweddoli, ar ôl swper, fod pob drws a ffenest yn yr adeilad wedi eu cloi. Gwnaeth hyn i rai o'r aelodau deimlo'n reit ofnus, ac ambell un, yn arbennig y Sarjiant Major, yn gynddeiriog. Bob yn un ac un aeth pob aelod yn ôl i'r lolfa lle bu llawer o ddyfalu cyn i bawb, yn y diwedd, droi am y gwely.

Fore trannoeth roedd y llestri swper wedi diflannu a brecwast wedi'i osod. Ond unwaith eto, doedd dim sôn am neb. Felly aethom i'r lolfa gan ddisgwyl y byddai rhywun yn ymddangos i roi rhyw fath o arweiniad i ni. Ond ddaeth neb. Rhywbryd yn ystod y bore cofiais i mi unwaith ddarllen llyfr Americanaidd lle'r oedd y math yma o beth yn cael ei ymarfer er mwyn dewis arweinyddion o blith y grwpiau, pobl o bob oed. O gofio hyn, dyma awgrymu i'r grŵp y dylem roi cychwyn ar bethe ar ein liwt ein hunain drwy gael pob unigolyn i sôn am ei gefndir a'i waith gan awgrymu y byddai hynny'n arwain at drafodaeth. Derbyniwyd yr awgrym gan nifer o'r cynrychiolwyr, ond daliai'r Sarjiant i fytheirio gan gerdded o gwmpas ac edrych ar ei oriawr bob yn ail funud, yn union fel petai'n disgwyl i ryfel gychwyn. O dipyn i beth, ymunodd y mwyafrif yn y drafodaeth, ond roedd lleiafrif yn dal yn dawedog. Beth bynnag, canlyniad y trafod fu i'r rhelyw ohonom ddod i adnabod ein gilydd a mynd ati i greu rhyw ddarlun o'r problemau y deuem ar eu traws o ddydd i ddydd. Daliwyd ati tan ginio, ac unwaith eto canfuwyd fod bwyd wedi ei baratoi heb i ni weld unrhyw un yn gwneud hynny. Yn ystod y cinio, cododd y Sarjiant yn ddisymwth gan gyhoeddi iddo gael digon ar y chwarae plant hwn. Yn ddirybudd, cydiodd mewn cadair a'i hyrddio drwy'r ffenest. Ac allan yr aeth yntau. Er i ni ymbilio arno i ddychwelyd, aeth yn syth at ei gar ac ni welwyd cip ohono wedyn.

Pan wnaethom ailymgynnull, y teimlad cyffredinol oedd ein bod ni'n cael ein gwylio, ac y câi ymateb pob unigolyn ei groniclo a'i anfon yn ôl at ein cyflogwyr. Ac wrth drafod hyn, daeth rhywbeth arall o'r llyfr Americanaidd yn ôl i'm cof, sef cael pawb i eistedd mewn cylch gydag un aelod, nid o reidrwydd yr un aelod bob tro, yn cofnodi sawl tro y byddai ei gyd-aelodau'n cyfrannu at y drafodaeth yn ystod y dydd, gan wneud darlun o olwyn gyda phob aelod yn ffurfio braich i'r olwyn a nifer y cyfraniadau wedyn yn cael eu nodi gyferbyn â phob braich.

O ddod yn argyhoeddedig bellach fod rhywbeth tebyg i'r hyn oedd yn y llyfr yn cael ei weithredu, penderfynwyd ar un person gwahanol bob dydd i gofnodi'r cyfraniadau. Rhyfedd yw ffyrdd y natur ddynol. O hynny ymlaen, daeth y criw bach oedd mor amharod i gyfrannu yn ystod y bore cyntaf hwnnw i mewn i'r trafodaethau ar eu pennau. Rhwng bod y tywydd yn boeth a dim caniatâd i fynd allan, a'r poteli cwrw gyda'r nos yn brin, bu'n ddeng niwrnod anodd. Rhyfedd hefyd, o gael ein cyfyngu gymaint, sut y daethom ni'n gymaint o ffrindiau gan ddod i wybod llawer am ein gilydd.

Am hanner awr wedi tri ar y prynhawn Gwener, dyma gyfarwyddwr y cwrs yn ymddangos gan ddatgelu fod ein damcaniaeth yn gywir ac nad oedd unrhyw bwrpas iddo ef wneud rhyw ddatganiad mawr ar ein harweinyddiaeth gan i ni ddatrys y mwyafrif o'n problemau yn ystod ein harhosiad. Derbyniodd pawb gopi o'r cylchoedd cyfrannu a hefyd gopïau swmpus o'r trafodaethau a'r damcaniaethau a gafwyd yn Salisbury. Roedd pawb yn falch hefyd o gael mynd allan i westy noson honno am bryd o fwyd ac ambell beint cyn cychwyn am adre trannoeth. Rhaid bod Salisbury yn falch o ffarwelio â ni gan i bawb gael eu deffro yng nghanol y nos gan yfflon o storm o fellt a tharanau. Serch hynny, ni phrofais unrhyw daith felysach yn ôl i Gymru o unlle.

Yn ffodus, ni chefais wahoddiad ond i un cwrs arall wedi hynny, a hwnnw ym Mhrifysgol Lancaster yng ngogledd Lloegr. Cwrs penwythnos, wrth lwc, oedd hwn gan i lawer o'r siaradwyr fod yn ddigon i godi cyfog ar gi llwglyd. Mor ddiflas y bu'r penwythnos hwnnw fel na fedraf gofio ond un digwyddiad, sef bod Napier Williams, Trefnydd Caerfyrddin, wedi dweud ar ddiwedd un araith, 'Feddyliais i erioed y byddwn yn gwrando ar rywun yn agor ei geg am dri chwarter awr ac yn dweud dim'. Efallai bod yr hyn a nododd amryw ohonom ar ein ffurflen werthuso wedi bod yn ddigon i berswadio'r trefnwyr nad oedd gobaith i ni, ac mai gwell fyddai ein cadw o fewn ein siroedd o hynny allan.

Do, daeth cyfnod arall i ben, cyfnod pan fu raid i'r Cardi ddod yn gyfarwydd â throedio llawr swyddfa yn hytrach na beudy neu ysgubor. Gwelodd hefyd, am y tro cyntaf, mai pobol fyddai ei ddiadell, a defaid bellach yn ddim ond atgof.

Troi tua Thre

Mae'n siŵr fy mod wedi teithio'n ôl a blaen am dri mis neu ragor cyn clywed fod y byngalo ar stad Tan-y-graig wedi'i werthu. Yn ystod yr adeg hon byddwn yn byw yn ystod yr wythnos gartre yn Ystrad Fflur; roedd yn adeg anodd gan fod Mam yn mynd drwy gyfnod o waeledd. Pan gyrhaeddwn adre o'r gwaith fin nos, byddwn yn gweld Dai, fy mrawd, wedi dod i mewn o'r buarth, Nhad newydd gynnau tân a'r ddau yn barod am fwyd. Rhaid, felly, fyddai torchi llewys i baratoi swper a hyd yn oed olchi'r llestri wedyn.

Cyfraniad mawr Nhad yn y gegin fyddai cario te a bisgedi i fyny'r llofft at Mam; honno, mae'n siŵr, wedi hen ddiflasu ar y fath ymborth ac yn ysu am fod yn ddigon cryf unwaith eto i ddychwelyd i fod yn frenhines y gegin. Yr un fyddai cwestiwn Mam i mi bob nos: 'Sut mae pethe lawr yna, dwed? Beth mae'r doctor yn ei feddwl ohonon ni?' Oedd, roedd cyflwr yr hen le yn bwysicach i Mam na chyflwr ei hiechyd ei hunan.

Oedd, roedd hwn yn gyfnod anodd, nid yn gymaint am fod Mam yn wael ac arni angen bwyd maethlon, ond oherwydd mod i'n gorfod cynefino â swydd newydd fel Swyddog Sir Aberteifi Undeb Cenedlaethol y Ffermwyr, a'r swydd honno'n golygu llawer o waith papur gyda'r nos. Ar ben hyn, wrth gwrs, byddai'r ffôn yn canu'n rheolaidd, a'r rhan helaethaf o'r gwaith yn ymwneud â busnes yswiriant. Hefyd roedd gofyn cadw llygad barcud wrth chwilio am rywle i fyw ynddo erbyn y byddai Mari a'r plant yn cyrraedd o'r Drenewydd. Ar yr un pryd, rhaid oedd chwilio am swyddfa addas yn Nhregaron ar gyfer cwrdd â ffermwyr ar ddydd Mawrth, sef diwrnod y mart.

Fel y digwyddodd pethe, disgynnodd yr holl ddarnau i'w lle ar yr un diwrnod. Yn gyntaf, cwrddais â Beti Penbont, cyfnither i mi, ar y stryd yn Nhregaron, ac o siarad â hi dyma fi'n cael cynnig hanner ei chartref ar rent. O fynd yno, canfûm fod y tŷ yn un anferth beth bynnag, ac wedi'i rannu'n ddau. I bob pwrpas roedd e'n ddau dŷ annibynnol gyda'r holl adnoddau angenrheidiol yno at ein defnydd. Cyn pen dim roedd popeth wedi'i drefnu, ac euthum yn ôl i Dregaron yn teimlo'n rêl boi.

Gan ei bod hi bellach yn amser cinio, galwais yn y Llew Coch am frechdan cyn mynd ymlaen am Langeitho fel rhan o'm gwaith. Wrth ddisgwyl am fy mwyd, pwy ddaeth ataf ond Rhys Williams, perchennog y lle, ac wrth i ni siarad – a finne'n crybwyll wrtho fy mod i'n chwilio am swyddfa ar gyfer cyfarfod â ffermwyr ynddi bob dydd Mawrth – gofynnodd i mi ei ddilyn. A chyn i mi fod yn ymwybodol o'r peth, bron, roeddwn i wedi derbyn ei gynnig i ddefnyddio stafell yr ochr arall i'r bar, a oedd yn rhyw fath o barlwr.

Petawn i wedi aros a meddwl, buaswn wedi gallu rhag-weld rhai o'r problemau fyddai'n debygol o godi wrth gael swyddfa mewn tŷ tafarn, ond roedd cael hyd i le i ni i fyw ynddo fel teulu, ynghyd â chanfod swyddfa ar yr un diwrnod, yn gymaint o ryddhad fel i mi anghofio unrhyw broblem debygol, a finne'n awyddus nawr i ffonio Mari i drosglwyddo'r newyddion da iddi.

Roedd ein cartref ym Mhenbont yn ddelfrydol gyda digon o le, a ffrindiau da yn byw drws nesaf – rhai parod iawn eu cymwynas bob amser. Wrth i ni symud o'r Drenewydd roedd trigolion stad Tan-y-graig allan bron i gyd yn dymuno'n dda i ni, a dau o'r ffermwyr ifanc, Gareth a Pam, wedi penderfynu dod gyda ni yr holl ffordd i Dregaron i helpu gyda chario'r dodrefn.

Roedd popeth, bron, o'n plaid yn Nhregaron, gydag ysgol Gymraeg ei hiaith yn agos, a phlant hefyd gan Beti a John Penbont i fod yn gwmni i'n plant ninnau. A bellach doedd fawr ddim pellter rhyngom a'r hen gartref yn Ystrad Fflur. Yn wir, roedd John yn un o'm ffrindiau pennaf pan oeddwn yn Ysgol Tregaron a Dan, ei frawd, wedi bod yn ein cwmni ni lawer gwaith. Rhaid dweud fod ein cyfnod ym Mhenbont wedi bod yn eli i'r galon, a byddai'r teulu oll yn cytuno.

Fodd bynnag, doedd fy mhenderfyniad i sefydlu'r swyddfa o fewn adeilad y Llew Coch ddim yn syniad da, a buan y sylweddolais fy nghamgymeriad. Yr arferiad oedd i mi fynd i lawr i'r swyddfa tua deg o'r gloch ar fore dydd Mawrth gan agor y drws rhwng y ffordd fawr a'r parlwr. Dim problem. Ond o hanner awr wedi deg ymlaen byddai'r drws rhwng y bar a'r parlwr yn cael ei ddatgloi gyda'r bwriad o hwyluso llwybr y rhai oedd am lymaid cyn dod drwodd i'm gweld. Erbyn tua thri o'r gloch bob pnawn dydd Mawrth byddai rhwng wyth a deg peint o gwrw ar fy mwrdd, ac weithiau mwy. Byddai'r ffermwyr a oedd yn galw i'm gweld yn dod â pheint gyda nhw i mi, gan feddwl eu bod nhw'n gwneud cymwynas â mi. Petawn i wedi yfed yr holl gwrw a gynigid i mi, byddwn yn feddw chwil erbyn amser cau'r swyddfa.

Aeth hyn ymlaen am wythnosau, er gwaethaf fy holl ymbil dros iddynt beidio â phrynu cwrw i mi. Daeth y penllanw un prynhawn pan gyrhaeddodd menyw oedrannus o Landdewi-brefi i mewn, y tro cyntaf i ni gwrdd, a gwyddwn ar unwaith wrth ei hedrychiad ei bod hi o'r farn fod y swyddog newydd yn feddwyn rhonc. Ar ben hyn oll dyma'r perchennog, Rhys Williams, yn gwthio'i ben drwy'r drws tua chanol y prynhawn a gweiddi: 'Cadw olwg ar y bar am funud!' Ac allan yr aeth i rywle neu'i gilydd. Am weddill y prynhawn hwnnw, fi oedd swyddog yr NFU *a* barman y Llew Coch.

Fore trannoeth, yn ôl gofynion y telerau, euthum draw i'r Llew Coch i gyflwyno mis o rybudd fy mod yn gadael, er nad oedd gen i unrhyw le arall mewn golwg. Ond, fel arfer, cafwyd gwaredigaeth pan ddaeth adeilad bychan pren yn rhydd ar Stryd y Stesion, a hwnnw'n agos iawn at safle'r farchnad. Ac yno y bûm yn ddigon hapus am weddill fy amser yn Nhregaron.

Er cystal y cartref ym Mhenbont, a phawb ohonom mor hapus, teimlai Mari a finne y dylem wneud ymdrech unwaith eto i brynu tŷ, un a fyddai, os yn bosib, â chae neu ddau ynghlwm wrtho. Soniais wrth nifer o'm ffrindiau yn y dre a'r cyffiniau am hyn. Ac un nos Sadwrn, wrth fynd allan am ddiferyn, clywais fod cae a hen sgubor ar werth, ynghyd â chaniatâd cynllunio ar gyfer adeilad, ychydig y tu allan i'r dre ar ffordd y mynydd. Soniais am hyn wrth Mari, a rhaid oedd mynd i weld y lle. Serch hynny, er mor barod oeddwn i eto i ailgychwyn ar ffermio drwy gael cae, sylweddolais ar unwaith mai bron yr unig reswm fod y lle yn dal ar werth oedd nad oedd cyflenwad o ddŵr yn agos ato. O wneud ymholiadau deuthum i ddeall fod piben ddŵr y Cyngor yn bell i ffwrdd, ac y byddai costau cysylltu'r cae â'r biben yn fwy na gwerth y tir. Tybed a fyddai'n rhaid rhoi'r gorau i'r syniad a chwilio am rywle arall?

Cefais ateb y nos Sadwrn ganlynol wrth far y Talbot. Estynnodd rhywun ei wydryn gwag tuag ataf gan sibrwd, 'Llenwa hwn, ac fe ro i dipyn o wybodaeth i ti.' Fe wnes i ufuddhau, a chael cyfarwyddyd i fynd allan i'r cefn wedi stop tap. Pan ddaeth yr amser, euthum allan a chael fy arwain i fyny'r cae y tu ôl i'r dafarn lle safai'r sgubor. Cyn i ni gyrraedd y lle priodol fe stopiodd. Tynnodd bâl allan o gefn ei fan, yna camu dros y clawdd a cherdded i ganol y cae. 'Fan hyn,' medde fe, 'mae ffynnon orau'r ardal.' Ac wedi torri dwy neu dair tywarchen, gwelwn ddŵr yn byrlymu i'r wyneb.

Fore dydd Llun, fel yr oedd swyddfa'r arwerthwr yn agor, roeddwn i yno. Prynais y lle ar unwaith. Ie, peint o chwerw am gyflenwad o ddŵr. Tebyg nad oes unlle arall ond bar y Talbot ble gallech chi gael y fath fargen!

Ac o sôn am ddiferyn yn y Talbot, dylwn sôn hefyd am arferiad fferm Penbont bryd hynny o werthu llaeth yn y dre. Ar noswyl Nadolig eid â'r llaeth o gwmpas er mwyn arbed mynd â chyflenwad allan ar ddiwrnod yr ŵyl. Byddai gwahanol gartrefi, wrth gwrs, yn cynnig mins peis i ni, heb sôn am bethau cryfach. Y canlyniad oedd y byddai'r bechgyn braidd yn chwil erbyn cyrraedd adre ym Mhenbont.

Un tro, bûm yn ddigon ffôl i fynd allan gyda'r bechgyn, ac fel petai hynny ddim yn ddigon, rhaid oedd galw yn y Talbot cyn troi tua thre. Pwy oedd yno ond Ifan Jones y Crown a'i frawd Ben, oedd yn yr ysgol gyda mi. Roedd Ifan a finne'n dipyn o ffrindiau erbyn hyn. Cyn diwedd y noson cyfaddefais wrth Ifan fy mod i wedi addo i Mari y byddwn yng ngwasanaeth Plygain yr eglwys am chwech o'r gloch fore trannoeth. Taerodd Ifan y byddai yntau yno hefyd. Euthum adre, ac yn ôl Mari, bu'n ymladdfa fawr rhyngof fi a'm trowsus pyjamas, yn methu sefyll yn ddigon hir ar un goes i fynd i mewn iddynt. Ac yn ôl yr hanes, euthum i'r gwely hebddynt.

Fore trannoeth, cyn y wawr, rhaid oedd codi – ac er yn dal yn ddigon sigledig, llwyddais i ddilyn Mari allan o'r tŷ ac i ffwrdd â ni i'r eglwys. Wedi cyrraedd yno teimlwn yn ofnadwy. Ond ymlaen yr aeth Mari i'r sedd arferol, a finne fel llinyn trôns yn ei dilyn. Ni fu'r un gwasanaeth erioed mor hir, ac yn ôl Mari rown i'n newid lliw bob ugain eiliad. A thebyg fod Ifan yr un fath. O'r diwedd daeth y gwasanaeth i ben, ac wedi mynd allan dyma fi ar fy mhen i gefn yr eglwys lle gwelwn Ifan hefyd yn taflu i fyny. Ni fu cinio Nadolig erioed mor ddiflas a wnes i ddim byd tebyg byth wedyn. Clywais yn ddiweddarach fod un arall o griw'r Talbot wedi mynd i mewn i'w wardrob yn lle i'r tŷ bach yn ystod y nos, ac iddo yntau fod yn hir iawn cyn adennill ffafr ei wraig.

Wedi prynu'r sgubor a chwblhau'r gwaith papur i gyd, bu'n rhaid chwilio am adeiladydd a symud ymlaen gyda'r gwaith. Unwaith eto yn Nhregaron bûm yn ddigon ffodus i gael gwasanaeth John Hughes, adeiladydd lleol gydag enw da am godi cartrefi o'r gwneuthuriad gorau. Fel pob adeiladydd, nid oedd i'w weld yn brysio. Ond roedd safon y gwaith yn uchel, a châi Mari a finne gryn bleser wrth fynd yn ôl a blaen fin nos a gweld yr adeilad yn tyfu. Aethom ati hefyd i geisio cloddio rhyw lun ar ardd yn barod ar gyfer y diwrnod pan fedrem symud i mewn.

Gwyddwn hefyd, erbyn y byddai'r tŷ yn barod, y cawn y cae yn ôl gan y tenant a'i daliai ac edrychwn ymlaen at hynny fwyfwy bob dydd. Soniais am hyn wrth Raymond, fy mrawd-yng-nghyfraith, ac am fy nymuniad i brynu coben Gymreig unwaith eto. Chwarae teg iddo, addawodd ar unwaith y cawn brynu un, os deuai cyfle, ac y byddai ef yn ei chadw i mi nes deuai'r cae yn rhydd. Daeth y cyfle'n gynt na'r disgwyl, a hynny ddyddiau cyn y Nadolig flwyddyn wedi'r helyntion yn y Plygain. Roedd Raymond wedi clywed am gobiau ar werth yn Sir Benfro, ac roedd ganddo yntau hefyd ddiddordeb mewn mynd i'w gweld. Wedi mynd i lawr yno un dydd Sadwrn dyma brynu eboles flwydd, a Raymond yn prynu ebol dwyflwydd, gan obeithio ei gadw i fod yn farch. Nid oedd gen i ar y pryd unrhyw fath o gerbyd i gario'r ddau adre. Gofynnais am ffafr i Chris, ffrind i mi ym Maldwyn, ac addawodd hwnnw ddod â lorri i lawr y diwrnod canlynol, sef rhyw bedwar diwrnod cyn y Nadolig.

Cyrhaeddodd Dregaron tua hanner awr wedi hanner dydd, ac ar ôl iddo fwyta, bant â ni am Sir Benfro. Erbyn i ni gyrraedd y fferm roedd tywyllwch gaeaf wedi disgyn. Ond, diolch i'r ffermwr, roedd y cobiau mewn lle hwylus i'w llwytho. Wedi gadael y fferm a theithio rhyw ddeugain milltir, dyma daro ar westy wrth ymyl y ffordd a phenderfynu galw yno am swper. Roedd y ddau ohonom erbyn hyn yn sylweddoli y byddai'n hwyr iawn arnom yn cyrraedd adre.

Ailgychwynnwyd ar ôl tamaid i'w fwyta. Cyn pen dim stopiwyd ni gan heddlu mewn car. Gofynnwyd i ni dynnu'r cobiau allan fel y gallai'r heddlu archwilio'r lorri. Dyma ufuddhau ac yna cael caniatâd i'w hail-lwytho. Ffwrdd â ni yn hapus nawr, ond byr fu ein llawenydd. Yng nghyffiniau Penparc dyma olau glas arall yn ymddangos. Ailadroddwyd y stori. Stop ac archwiliad. Gwaethygodd yr hwyliau a chafwyd peth dadlau y tro hwn. Yn ystod hyn oll clywsom fod rhywun wedi dwyn nifer o dyrcwn o fferm yn Sir Benfro.

Cawsom ganiatâd i fynd yn ein blaenau, yn argyhoeddedig na welem olau glas arall. Ac felly y bu nes cyrraedd Llanfarian. Yno roedd dau heddwas arall. Gorfu i ni stopio eto a thynnu'r cobiau allan. Y tro hwn cawsant wybod yn ddiflewyn-ar-dafod y byddai'r cobiau'n aros yn y lorri. Clywsant hefyd un neu ddau o wironeddau eraill. Mynd fu ein hanes yn y diwedd, ac addunedais na wnawn i fyth eto brynu ceffyl mor agos at adeg y Nadolig. Wnes i ddim chwaith.

O'm blaen yn awr roedd gwaith fel swyddog gyda'r NFU yn Sir Aberteifi. Ac er mwyn rhoi pob chware teg i'r cyfnod hwnnw, hwyrach y dylwn symud ymlaen at bennod newydd.

Mewn Undeb mae Nerth

Fel swyddog rhanbarth i Undeb Cenedlaethol y
Ffermwyr, roedd y rhan fwyaf o'm gwaith yn ymwneud
ag yswiriant, pob math ar bolisïau ar draws ystod eang o
weithgaredd amaethyddol, a hyd yn oed amddiffyn
aelodau o'r teulu a phensiwn y penteulu ar ddiwedd y
dydd.

Gwaetha'r modd, ni dderbyniais ond tua diwrnod a
hanner o hyfforddiant cyn cael fy nanfon allan i'r maes.
Tebyg y byddwn ar y cychwyn wedi boddi mewn pwll
mawr o anwybodaeth oni bai am gymorth Mari, yr
ysgrifenyddes, a oedd yn y swyddfa yn Llambed.
Chwarae teg iddi, bu'n hynod amyneddgar, yn enwedig
dros y penwythnos cyntaf pan fyddwn yn ei ffonio bron
iawn bob awr o'r dydd. Wrth gwrs, o dipyn i beth,
dechreuodd y darnau ddisgyn i'w lle a llwyddwn i gynnal
y systemau heb bwyso'n ormodol ar y swyddfa.

Ar wahân i'r gwaith yswiriant, deuai ffermwyr ataf yn
rheolaidd gyda'u problemau personol – a byddent angen
help i lenwi ffurflenni a chysylltu â swyddfeydd y
Weinyddiaeth Amaeth. Roeddwn i'n mwynhau'r gwaith
hwn, a buan y deallais mai'r gamp oedd cadw balans rhag
i ffermwyr fynd yn rhy ddibynnol arnaf. Os gadewais
swydd gyda'r Ffermwyr Ifainc er mwyn rhoi rhagor o
amser i'r teulu, buan y deallais fy mod i wedi neidio o'r
badell ffrio i'r tân.

Byddai'r ffôn yn canu tua saith o'r gloch y bore, a phrin oedd y nosweithiau heb fod dau neu dri ffermwr yn galw heibio gyda'u problemau. Ar lawer achlysur ar bnawn Sul, a finne wedi paratoi i fynd â'r plant am dro, byddai rhywun yn cyrraedd. Ac ambell dro un arall wedyn ar ôl hwnnw.

Un a fyddai'n galw bob nos Sadwrn oedd Jac Jones o fferm Maesllyn y tu allan i Dregaron. Dyma'r cyfnod pan oedd grantiau ar eu hanterth, a chredaf i mi lenwi pob un ffurflen gais ar ei ran. Dysgais yn fuan hefyd y byddai'n rhaid i mi ei gael i lofnodi pob cais a'u postio, neu ym mhoced Jac y byddent nes iddynt gyrraedd eilwaith, a Jac yn dwrdio'r Weinyddiaeth am beidio â'i ateb. Ddwywaith y flwyddyn byddwn yn mynd draw ato ar brynhawn Sul i lenwi ei lyfr banc. Dyna lle byddai chwilio mawr, gyda Jac yn gwybod am bob siec oedd wedi cyrraedd ond heb fedru cael hyd iddynt. Cofiaf yn dda am un prynhawn pan oedd siec cymhorthdal y defaid ar goll, a honno'n cyfateb i arian sylweddol. Wedi awr a hanner o chwilio dyma fi'n dweud wrth Jac, 'Beth am boced eich siaced felen?' Ac yn wir, wedi mynd i'r beudy daethpwyd o hyd i'r siec yn llwch i gyd ym mhoced y siaced.

Cefais lawer o hwyl gyda Jac, yn enwedig wrth rannu rhai o'i ddywediadau miniog. Yr adeg honno byddai rhai ffermwyr yn codi adeiladau crand gan fod cymhorthdal sylweddol ar gael. Wrth siarad am y rhain, ac yn enwedig mewn enghreifftiau pan fyddai tir y fferm yn sâl, ymateb Jac fyddai, 'Fel gosod top hat ar ben tramp.'

Roedd rhan helaeth o'r fferm ar Gors Caron, a phan oedd Jac yno un dydd yn hel defaid, dyma un o ffyddloniaid Cymdeithas yr Adar yn dod ato a dweud ei fod newydd weld Barcud Coch. Roedd llawer llai ohonynt yn bodoli bryd hynny nag sydd heddiw.

'Wyddoch chi beth, Mr Jones,' meddai'r dyn, yn Saesneg, 'mae e'n dderyn rhyfeddol. Wyddoch chi, er enghraifft, fod lled ei adenydd e – pan mae e'n codi i hedfan i Lynnoedd Teifi – yn chwe throedfedd?'

'Gwyddwn,' medde Jac. 'Ond dim ond tair troedfedd yw lled ei adenydd pan mae e'n hedfan yn ôl.'

'Ry'ch chi'n siarad dwli,' medde'r dyn. 'Sut fedrwch chi ddweud hynny?'

'Wel, pan mae e'n hedfan yn ôl fin nos tuag at fachlud haul, mae e'n gorfod defnyddio un o'i adenydd i gysgodi'i lygaid.'

Fe gerddodd Jac i ffwrdd gan adael y dyn yn edrych yn reit rhyfedd. Ie, cymeriad hoffus oedd Jac, ac er iddo boeni llawer arnaf o dro i dro, cefais lawer o hwyl yn ei gwmni.

Mae'n debyg mai'r cyfle i weithio'n glòs gyda ffermwyr, a chwrdd â chynifer ohonynt ar fuarth ffermydd, a'm denodd i'r swydd yn y lle cyntaf. Eto, er y cyfleoedd hyn, ni sylweddolais cyn cychwyn ar y gwaith ran mor bwysig a chwaraeid gan y cwmnïau yswiriant a chymaint o ddisgwyl oedd i bob swyddog gynyddu'r ymdrech bob blwyddyn. Wrth edrych yn ôl, y tebygolrwydd yw i'r ffaith fy mod i'n fab ffermm wneud i mi frwydro'n ormodol dros y ffermwr ar adegau, gan filwrio yn erbyn yr hyn a gynrychiolid gan y cwmnïau yswiriant.

Serch hynny, roedd y swydd yn gyfle i ddod ar draws trawstoriad helaeth o'r natur ddynol yng nghefn gwlad.

Heddiw gallaf ddweud â'm llaw ar fy nghalon i naw deg naw y cant, os nad naw deg naw a hanner, fod yn fwynhad pur, a phleser oedd cael fy nerbyn i'w cartrefi.

O'r cychwyn bûm yn lwcus o gael Mr Dan Evans, Llanio Fawr ger Llanddewibrefi, i arolygu'r ceisiadau am daliadau a ddeuai i law pan gâi creadur ei ladd neu'i ganfod yn farw, a hynny'n digwydd yn aml o ganlyniad i ddamwain. I mi roedd Dan Evans yn gawr, yn adnabod y natur ddynol yn dda a byth yn ofni datgan ei farn. Byddai bob amser yn onest ac yn deg, a phrin y byddai unrhyw un yn ceisio tynnu'r mat o dan ei draed. Oherwydd hyn, câi ei ddyfarniad terfynol ei dderbyn yn rheolaidd gan y cwmni yswiriant. Rhyfedd fel y byddai'r stori bob amser bron iawn yn union yr un fath! Byddwn yn derbyn caniad oddi wrth ffermwr yn dweud fod ei gi defaid gorau wedi ei ladd ar y ffordd, ac yn syth bìn fe âi ymlaen i ddatgan mai hwn fu'r ci gorau iddo ei gael erioed. Cofiaf yn dda am un ffermwr yn colli ci flwyddyn union ar ôl colli'r un cynt, a dyma fynd â Dan Evans i'w weld. Cafwyd yr un stori eto, a Dan yn ateb, 'Rhyfedd yntê, a finne'n meddwl mai'r llynedd y collaist ti hwnnw!'

Dro arall cefais alwad ar fore Sul, ac ar ôl galw gyda Dan Evans deallais fod march wedi'i ladd ar y ffordd yn dilyn gwrthdrawiad â char Mini. Doedd dim golwg rhy dda ar y car chwaith. Ar y ffordd i lawr awgrymodd Dan fy mod yn archwilio dannedd y ceffyl, gan nad oedd e'n feistr ar hynny. Wedi i ni weld y ceffyl, gwahoddodd y ffermwr ni i'r tŷ er mwyn setlo'r busnes, a finne'n dweud wrth Dan fod cryn oedran ar y ceffyl, yn ôl ei ddannedd. Aethpwyd ati o gwmpas bwrdd y gegin i bennu gwerth y march, a'r ffermwr yn mynnu mai pump oed oedd yr anifail. Gofynnais innau'n hollol ddiniwed tybed a oedd y march wedi'i gofrestru, gan y byddai hynny'n ei wneud yn fwy gwerthfawr. Mewn chwinciad, a hynny mewn ymateb i alwad ei gŵr, dyma'r wraig yn ymddangos gyda thystysgrif pedigri'r march. Yno, wedi ei nodi'n glir, roedd dyddiad geni'r march, a hwnnw'n dangos yn glir ei fod e'n bedair ar hugain oed! Chwarae teg i Evans, rhoddodd ddyfarniad teg ar y march ac awgrymodd wrth y ffermwr wrth i ni adael mai da o beth fyddai iddo luchio'r dystysgrif i'r tân, ond gyda gair bach i'r perwyl na ddylai byth wedyn ddweud celwydd wrtho.

Do, cafwyd llawer i dro cyffelyb a byddai cyfle i chwerthin yn braf weithiau ar y ffordd yn ôl yn y car. Athroniaeth Dan Evans bob amser oedd, 'Ceisia fod yn deg wrth bobol onest, a gwna'n siŵr fod y rôg yn gwybod dy fod ti wedi mesur ei hyd a'i led.' Ac yn ystod ein cyfnod gyda'n gilydd, ni lithrodd unwaith, hyd y gwn i, oddi ar y llwybr hwnnw.

Byddwn, ar fy nheithiau, yn ymweld â nifer o gartrefi – nid yn gymaint i hel arian bob tro, ond i geisio dod o hyd i ateb pan fyddai problemau gyda'r Weinyddiaeth Amaeth neu ryw gorff cyhoeddus arall, ac, wrth gwrs, i roi cymorth gyda llenwi'r ffurflenni. Ar un o'r ymweliadau hyn cofiaf yn dda basio ffenest y gegin a gweld, trwy gil fy llygad, gwrci mawr â'i ben yn y jwg laeth. Hyd yn oed wedi i mi gael fy ngwahodd i mewn, roedd y cwrci'n dal yno. Cyn cychwyn llenwi'r ffurflen dan sylw, rhaid oedd cael paned o de, a finne wedi bod yn ddigon dwl i ddweud fy mod i'n cymryd llaeth. Cydiodd y wraig yn y cwrci a'i osod ar y llawr (yn hytrach na rhoi cic yn ei din), yna tywalltodd y llaeth i'r cwpanaid te a'i estyn i mi. Cymerais fy amser cyn sipian, a daeth gwaredigaeth pan alwodd y gŵr ar ei wraig i ddod i'r parlwr i'w helpu i chwilio am y ffurflenni pwrpasol. Daliais ar y cyfle i luchio'r te i'r tân. Ond O! y fath gamgymeriad! Pan ddychwelodd y wraig a gweld bod fy nghwpan yn wag, trodd at ei gŵr a dweud, 'Mae Arch yma ar dagu. Gad i fi arllwys paned arall iddo fe.' Addewais i mi fy hun wrth i mi adael, petawn i byth yn gweld cwrci allan ar y ffordd, y byddwn yn ei daro. Ond ni ddaeth y fath gyfle erioed!

Ie, cefn gwlad ar ei orau, ac yn sicr nid oedd bywyd yn ddiflas gyda rhywbeth gwahanol i'w ddarganfod i fyny pob lôn fferm. Byddai problem newydd neu amgylchiad gwahanol yn codi'n ddyddiol, a'r gamp fawr oedd ceisio darparu ateb ar gyfer pob achlysur.

Ni wnaeth rhywbeth fel 'dydd Gwener y trydydd ar ddeg' effeithio arnaf erioed cyn hynny. Ond un bore o'r fath yng nghyffiniau Llangeitho cefais fy mrathu gan gi ar ddwy fferm wahanol a hynny cyn deg o'r gloch y bore. Ac wrth gyrraedd y drydedd fferm, cefais sioc arall. Doedd dim ateb wrth ddrws y ffrynt a dyma fynd i'r cefn. Yno roedd llwybr cul a wal uchel i atal y cae y tu ôl rhag gwthio yn erbyn y tŷ. Dyma gnocio eto, ond dim ateb. Penderfynu troi'n ôl, felly. Ond beth oedd rhyngof fi a'r ffordd allan ond dau gi Alsatian anferth, cymaint â dau lew. Bob tro y byddwn yn symud tuag atynt, codai blew eu cefnau a dinoethent eu dannedd. Pan safwn yn dawel, gorweddai'r ddau gan syllu arnaf. Ond unwaith y symudwn, codent ar eu traed yn fygythiol eto. Doedd dim amdani felly ond sefyll yno heb symud, a dyna fel y bu pethe am awr a hanner nes i'r ffermwr a'i wraig gyrraedd adre. Chwarae teg, fe wnaethon nhw ymddiheuro'n fawr gan werthfawrogi, mi gredaf, y straen y bûm odani. Cyrhaeddodd paned o de wedi'i atgyfnerthu â rhywbeth cadarnach ynddo cyn i ni droi at lenwi unrhyw ffurflen. Wedi i ni orffen, fu neb yn falchach na mi wrth gael mynd i'r car a throi am adre. Bûm yn llawer iawn mwy gofalus o hynny ymlaen wrth fynd o gwmpas ar ddydd Gwener y trydydd ar ddeg. Ac ni fu gen i lawer o feddwl o gŵn Alsatian wedi hynny chwaith.

Fel y crybwyllais eisoes, roedd y mwyafrif llethol o drigolion y gymuned wledig yn halen y ddaear, ac ni fynnwn fyw ymysg gwell cymdeithas. Serch hynny, ceid ambell ddafad ddu, a'r broblem fwyaf gan amlaf oedd eu perswadio i dalu eu dyledion. Bu'n rhaid i mi ffonio un talwr anfoddog droeon, a chael addewid yr un mor aml y byddai siec yn y post. Ond doedd dim yn digwydd, a finne'n dechrau colli amynedd.

Beth bynnag, un canol dydd, a finne'n mwynhau paned mewn arosfan ar ochr y ffordd, pwy aeth heibio yn ei gar ond y gŵr hwn. Gosodais y bwyd ar y naill ochr a'i ddilyn i'r clos. A wir i chi, roedd e'n hynod o glên gan fy ngwahodd i'r tŷ. Dros baned galwodd ar Jên, ei wraig, i fynd i nôl y llyfr siec. A finnau'n meddwl, 'O'r diwedd!' Ond roedd sioc yn fy aros. Pan gyrhaeddodd Jên â'r llyfr siec doedd ynddo'r un siec ar ôl. Bu dwrdio mawr ar Jên, druan, ac unwaith eto bu'n rhaid gadael yn waglaw gydag addewid y byddai'r dyledwr yn galw i mewn yn y swyddfa yn Llambed yn ddi-ffael y dydd Mawrth canlynol. Afraid dweud na welwyd ef yno, wrth gwrs. Beth bynnag, ymhen pythefnos, a finne ar ganol brecwast, dyma gnoc ar y drws a phwy oedd yn sefyll yno ond y gŵr bonheddig ei hun gyda llyfr siec yn ei law. 'Wedi dod lan ben bore ag ŵyn tew i Dregaron,' meddai. 'Ac rwy am dalu'r biliau.' Doedd ganddo ddim amser i aros am baned, ac yn union wedi iddo dalu, i ffwrdd ag e ar frys mawr. 'Chwarae teg iddo fe,' meddai Mari. 'Tybed?' atebais. Wedi i mi roi trefn ar bethe dyma benderfynu mynd i lawr i ardal y gŵr i weld a oedd unrhyw esboniad dros ei benderfyniad i dalu. Buan y cefais yr esboniad. Y bore hwnnw roedd tractor y gŵr wedi dymchwel gan greu cryn ddifrod i eiddo cymydog. A chofiaf am byth yr alwad ffôn a dderbyniais yn hwyrach y dydd. 'Wel, Arch bach, dyna i chi beth rhyfedd, a finne wedi bod gyda chi'r bore 'ma. Pan es i adre roedd y crwt 'co wedi troi'r tractor drosodd gan greu tipyn o ddifrod. Da mod i wedi talu, ontefe?' Ie, talwr gwael – ond celwyddgi da!

Fel Swyddog Rhanbarth, byddwn yn mynychu pwyllgorau sirol a gynhelid yn Aberaeron. Roedd hwnnw'n gyfnod tebyg i heddiw pan oedd ffermio'n mynd drwy amser anodd, a chyfnod hefyd pan oedd Llywodraeth Lafur mewn grym. Rhaid cyfaddef, wrth gwrs, na fu erioed gariad mawr ymysg ffermwyr tuag at Lafur, yn enwedig wedi i'r Gweinidog Amaeth ar y pryd, Tom Williams, alw'r ffermwyr yn 'feather-bedded'. Yn y Pwyllgor Sirol roedd yr anfodlonrwydd a deimlid tuag at Lywodraeth Lafur y dydd yn codi ei ben, yn enwedig felly ymysg y criw iau, gyda nifer ohonynt yn teimlo y dylid gweithredu'n filwriacthus. Dal yn erbyn hyn oedd yr aelodau hŷn, gan wneud eu gorau i dawelu'r dyfroedd. Ac felly y bu nes y daeth hi'n wybyddus fod yr Anrhydeddus James Callaghan, yr Ysgrifennydd Cartref, yn dod i ymweld â thref Aberteifi, ac y byddai'n cael cinio mewn gwesty yno. Fe fu hyn yn ddigon i'r garfan iau, ac o'r diwedd dyma ofyn i'r Is-ysgrifennydd Sirol, Meirion Burrell, a ninnau'r swyddogion rhanbarth, i gwrdd â'r garfan ac i geisio sicrhau y byddai trefniadau yn gyfreithiol gywir. Deallwyd y byddai'r ymwelydd yn cyrraedd y gwesty i ginio ac yna'n mynd ymlaen i wneud ymweliadau eraill. Drwy ddirgel ffyrdd, deallwyd hefyd y byddai'r heddlu'n defnyddio hofrennydd i'w gyrchu i mewn ac allan o'r gwesty rhag i rywrai gau'r ffyrdd culion, gyda'r heddlu bellach yn ymwybodol o anniddigrwydd y ffermwyr.

Cofiaf yn dda i Meirion a finne deithio i lawr am Aberteifi y bore hwnnw, a'r briffordd o Frynhoffnant i lawr yn llawn tractorau a gwahanol beiriannau fferm, y cyfan yn symud i gyfeiriad y dre, a sloganau i'w gweld ym mhobman. Hanner y ffordd i lawr stryd fawr tre Aberteifi dyma basio tractor yn tynnu ysgytiwr tail, a'r peiriant hwnnw'n amlwg yn llawn. Rhaid fu stopio i ymbil â'r gyrrwr i beidio â chychwyn y peiriant, ac o'r diwedd cafwyd perswâd arno y byddai hynny'n ennyn atgasedd y cyhoedd yn hytrach na helpu'n hachos. A chwarae teg iddo, cadwodd at ei addewid.

O gwmpas canol dydd daeth y plismyn â'r Gwir Anrhydeddus i mewn i'r gwesty drwy'r drws cefn yn reit hawdd, ond efallai heb lwyr sylweddoli mai dyna oedd ein bwriad. Ymhen mater o eiliadau iddo ddod i mewn, roedd y drws cefn wedi'i flocio gan dractorau a pheiriannau trwm a'r gyrwyr wedi eu gadael yno a diflannu. Yna, drwy ddrws y ffrynt daeth ffermwr lleol i mewn yn arwain tarw Henffordd anferth, a hwnnw'n llenwi'r pasej. Yna blociwyd drws y ffrynt gan ragor o dractorau a pheiriannau trwm. Erbyn hyn hefyd roedd y stryd y tu allan wedi'i llenwi, heb fod gobaith i'r un car ddod yn agos i'r gwesty. Doedd dim gobaith i'r Gweinidog, druan, gerdded allan o'r adeilad, heb sôn am gael ei gludo, ac yn y diwedd – gan sylweddoli na fedrai gadw at ei ymweliadau eraill – bodlonodd i gyfarfod â chriw bach o arweinwyr y ffermwyr i wrando ar eu cwynion.

Bu'r tarw'n ffefryn mawr gan griw'r Wasg a chariwyd y stori ledled y wlad y noson honno ac am rai dyddiau wedyn. Hefyd rhaid canmol y garfan i gyd. Ni achoswyd unrhyw ddifrod i eiddo, a dychwelodd pawb i'w cartrefi yn teimlo iddynt gyflawni diwrnod da o waith. Rhyfedd o fyd – ac ni wn a oedd gan y tarw ran i'w chwarae yn y peth – ond ni pharodd teyrnasiad y Gweinidog Jim Callaghan yn hir iawn wedyn.

Digwyddiad arall y flwyddyn honno a fu o fudd mawr i mi oedd i Mari basio'r prawf gyrru. Gadawodd yr arholwr gyda gwên fawr ar ei hwyneb, a gwyddwn beth oedd y canlyniad cyn iddi ddweud gair. Golygai hyn y medrai'n awr gludo'r plant i wahanol weithgareddau y tu allan i oriau ysgol heb orfod dibynnu arnaf fi – mantais fawr o gofio nad oedd fy swydd yn cadw at unrhyw oriau penodedig. Hefyd, ar benwythnosau, medrai fynd â'r plant am dro, yn enwedig pan fyddai dyletswyddau gwaith yn fy nghadw'n gaeth.

Erbyn hyn roedd John Hughes a'i weithwyr yn symud ymlaen gyda'r gwaith adeiladu, a'r sgubor yn newid o flaen ein llygaid. Bob nos pan gawn awr neu ddwy yn rhydd awn i fyny i ddechrau rhoi trefn ar bethau. Ar un ochr i'r adeilad ceid rhyw gelcyn o dir ar wahân i'r cae, a gwelai Mari hwnnw fel lle delfrydol i osod gardd, ac o geibio ychydig un noson edrychai'r pridd yn obeithiol iawn.

Roedd gan John Hughes yr enw o fod yn ddyn gonest a gadwai ei weithwyr am gyfnod maith. Chwarae teg iddo, ni chymerai unrhyw gam ymlaen heb ymgynghori, ac er y buaswn wedi hoffi gweld y gwaith yn gorffen yn gynt, roedd graen ar bopeth a wnâi. Edrychwn ymlaen hefyd at gael y cae yn rhydd fel y medrwn gadw ychydig anifeiliaid a chael esgus unwaith eto dros gadw ci defaid. Roedd y goben a brynais yn Sir Benfro yn barod i symud i mewn hefyd.

Fe yr âi'r amser yn ei flaen, deuwn yn fwyfwy ymwybodol fod gen i, fel mab ffarm, ormod o gydymdeimlad â ffermwyr i fod yn ddyn yswiriant caled a diegwyddor. Deuai pwysau tragwyddol o du'r cwmni i gynyddu busnes ac i blagio'r cwsmeriaid a darpar-gwsmeriaid i brynu mwy a mwy o bolisïau. Roedd hi'n anodd i mi ddygymod â hyn.

Ond roedd un broblem arall yn pwyso braidd, ac anodd oedd ei symud o'r meddwl. Ar wahân i ni, swyddogion rhanbarth, roedd y cwmni yswiriant yn cyflogi arolygwyr, un ar gyfer pob adran o'r gwaith. Nid oedd hyn ynddo'i hun yn broblem o gwbwl, ac yn ystod ein pwyllgorau neu'n sesiynau un-i-un, byddwn yn ddigon hapus ac yn cael canlyniadau reit foddhaol. Codai'r broblem pan fynnai'r rhain fynd allan i ymweld ag ambell ffermwr ar ei fferm, a bron yn ddi-ffael

94

byddent yn dewis adeg brysur fel tymor y cynhaeaf neu ddiwrnod pan na fyddai pethe'n mynd yn iawn i'r ffermwr. I mi, yn bersonol, os gwelwn fod ffermwr yn brysur hyd at ei ysgwyddau mewn gwaith, byddwn yn gadael ar unwaith a dweud y byddwn yn galw ar ddiwrnod arall. Ond i'r arolygwr doedd hyn ddim i fod. Y canlyniad yn aml oedd gelyniaethu'r ffermwr, a'r Swyddog Rhanbarth – fi yn y cyswllt hwn – fyddai'n gorfod ailadeiladu'r cysylltiad a'r cydweithio. Weithiau byddwn yn llwyddiannus, ond yn amlach na pheidio yn colli ffrind.

O edrych yn ôl, er cymaint y boddhad a gawn wrth ymweld â ffermydd, tebyg mai'r sefyllfa a nodais a barodd i mi ddechrau edrych am swydd arall. Hwyrach hefyd i'r ffaith i mi fod mor hynod o hapus fel Trefnydd y Ffermwyr Ifainc fod wedi gwneud y sefyllfa'n waeth. Wrth gwrs, o dipyn i beth daeth arolygwyr newydd, a'r rheiny, yn ôl pob sôn, yn llawer mwy ymwybodol o alwadau ffermwyr ar adegau prysur o'r flwyddyn. Y tebygolrwydd yw na fyddwn wedi bod mor barod i symud petawn yng nghwmni'r rhain.

Yn ystod y cyfnod hwn roedd llywodraeth y dydd yn sôn am wella safon sgiliau pobl ifanc ar draws pob diwydiant; roedd sôn am y ffaith fod nifer o ddiwydiannau'n crefu am bobol ifanc, grefftus i lenwi bylchau yn rhengoedd y gweithwyr. Fel ateb i'r alwad, ffurfiwyd Bwrdd Hyfforddi Amaethyddol. Yn dilyn datblygiad o'r fath roedd pob bwrdd yn hysbysebu am swyddogion, rhai ar gyfer swyddfeydd canolog ac eraill fel swyddogion maes. Yng Nghymru roedd galw am bedwar neu bump o swyddogion, ac yn eu plith Swyddog

Maes i Ogledd Sir Aberteifi, Maldwyn a Meirion. Wedi trafod y swydd ymhlith y teulu, a sylweddoli fod hwn yn gyfle pellach i weithio gyda phobl ifanc, dyma benderfynu yn y diwedd i roi cynnig arni, neu o leiaf anfon am fwy o wybodaeth a ffurflen gais.

Wedi i mi dderbyn yr wybodaeth lawn a llenwi ffurflen gais, daeth llythyr drwy'r post un bore i ddweud fy mod i ymddangos yn Llundain i fynychu cyfweliad. Teithiais ar y trên heb ddweud rhyw lawer wrth neb, gan fy mod i o'r farn mai go brin y cawn gynnig y swydd. Tri Sais oedd yn cyfweld – un ohonynt yn siarad mewn rhyw acen fawreddog a wnaeth, hwyrach, fy sbarduno i roi gwell cyfweliad nag a ddisgwyliwn gan nad oeddwn am iddo gael y gorau ar Gymro. Cefais baned a brechdan gan ysgrifenyddes ar ôl y cyfweliad, ac rown i ar fin ymadael pan ddaeth galwad i mi fynd yn ôl at y tri dewiswr. Er mawr syndod, dyma gael gwybod eu bod am gynnig y swydd i mi. Ond O! y fath sioc – byddai'r swyddfa ym Machynlleth. Er dadlau'n daer y byddwn yn reit hapus yn gweithio o Dregaron, doedd hynny ddim i fod. Roedd y swyddfa i'w lleoli yng nghanol y dalgylch.

Rhaid, wrth gwrs, fyddai trafod gyda'r teulu yn Nhregaron yn gyntaf, ac addewais roi ateb erbyn diwedd yr wythnos yn ddi-ffael. Er y byddai symud o Dregaron yn ergyd, roedd y gyflog, car cwmni a chynllun pensiwn yn rhywbeth y dylwn, fel penteulu, feddwl yn ddwys yn eu cylch.

Wedi llawer o drafod ar yr aelwyd, fe benderfynais symud. Golygai hyn eto roi'r tŷ a'r cae yn Nhregaron ar werth, a ninnau heb gael cyfle i fyw yn y tŷ, heb sôn am ddechrau ffermio'r cae. Unwaith eto byddai angen

Trefnyddion Mudiad Ffermwyr Ifanc Cymru, 1964 – y tîm fel yr oedd yn ystod fy nghyfnod ym Maldwyn. Fi yw'r byrraf yn y cefn!

Clwb Ffermwyr Ifanc Aberhafesp – buddugwyr yr Adran Ddrama, 1967.

Parti Nadolig Ffermwyr Ifanc Dolfor, 1967. Mari'r wraig sydd yn y canol yn y blaen (cynhyrchydd drama fuddugol y sir).

Fi yn un o feirniaid cystadleuaeth Brenhines Ffermwyr Ifanc Sir Aberteifi yn ystod y 1960au.

Un o ferlod Nantllwyd, Soar y Mynydd, yn dangos ysbryd y mynydd yn ystod Rodeo Gorllewin Gwyllt Ffermwyr Ifanc Churchstoke yn y 1960au.

Mererid ac Ifer, y plant, yn y Drenewydd yn 1970.

Noson ffarwelio â Maldwyn, 1970.

Stondin y Bwrdd Hyfforddi ar faes Sioe Llanelwedd yn 1975, yn arddangos y gwahanol gyrsiau oedd ar gael.

Mererid yn edmygu car cyntaf Ifer.

Sioe Pennal, 1982. Mari a Mererid yn y gert, yn cael eu gyrru gan ryw foi smart mewn het fowler!

Cynhyrchydd y ddrama 'Slipars a Chipars' ym Mhennal, 1982.
Yr actorion, o'r chwith: Eurgain Williams, Hywel Evans, Mari Arch
ac Elfed Evans.

Derbyn Medal Ysgoloriaeth Winston Churchill gan
Arglwydd Tonypandy yn 1982.

Derbyn ffon fugail oddi wrth Elfed Evans am helpu Clwb Ffermwyr
Ifanc Bryncrug, ganol yr 1980au.

Seremoni 'Prentis y Flwyddyn' y Bwrdd Hyfforddi yn 1983.

Sylwebu yn Sioe Sir Drefaldwyn yn 1986.

Diwrnod agored gan y Bwrdd Hyfforddi ar fferm y Tywysog Charles yn Bolviston, Mynwy, yn 1988.

Gydag un o'm anrhegion ymddeol o'r Bwrdd Hyfforddi yn 1994.

Derbyn yr MBE am wasanaeth i amaethyddiaeth Cymru yng Nghastell Caerdydd, Dydd Gŵyl Dewi, 1996. Roeddwn ymysg y rhai cyntaf i ddewis mynd i Gaerdydd yn hytrach nag i'r Palas!

Paratoi i ddangos un o'r cobiau yn Sioe Pennal, 1999. Fy ŵyr cyntaf, Iolo, ddim yn rhy hapus i sefyll o flaen y gaseg!

Y teulu Arch ar wyliau ym Mharis, 2000. Dai a fi (cefn); Glenys, Eluned a Beti (blaen).

Mari a finne ger Mount Rushmore rhwng cyfnodau o feirniadu yn Nhreialon Cenedlaethol Cŵn Defaid yn Dakota, 2001.

Y criw ar ein gwyliau yn haul Alpau Awstria, 2004. Hugh, Mari, Gwen, Olwen, Carys, Evan, Heinz o'r gwesty, Dai Llanilar a finne.

Yn gwisgo Medal Arian y Sioe Frenhinol am hir wasanaeth, yn Sioe 2006.

Gwisgo het wellt yng ngwres llethol y Cylch Mawr yn Sioe 2006.

Wrth fy ngwaith yn y tŵr ger prif gylch y Sioe Frenhinol yn 2006.

Siarad gyda ffermwr o wlad y Sami, yn ei wisg draddodiadol, yn y Ffindir yn 2006.

*I fyny wrth lidiart y tyddyn ym Mhennal gyda'r ddau ŵyr hynaf,
Rhun a Iolo, yn 2006.*

*Yng Nghernyw yn 2006 gydag Ifer, Mari a'r wyrion bach,
Mared a Rhydian.*

chwilio am gartref ym Machynlleth, ysgol arall i'r plant, cymdogion newydd, a phellhau unwaith eto oddi wrth yr hen gartref yn Ystrad Fflur. Rhyfedd o fyd!

Yn Ôl i Faldwyn

Dydi dydd symud byth yn hawdd ar y gorau. Ond roedd rhyw hunllef fel petai'n ein dilyn fel teulu, gydag un broblem yn dilyn y llall byth a hefyd. Wrth chwilio yn ardal Machynlleth am rywle addas i fyw, sylweddolais nad oedd yna'r un tyddyn gydag ychydig o dir ar gael – ddim o fewn cyrraedd ein gallu ariannol ni, beth bynnag. Penderfynwyd yn y diwedd ar fyngalo newydd ar stad Cae Maenllwyd ar gyrion y dref. Roedd hwn, serch hynny, heb ei lawn orffen ond fe'i prynwyd gan y byddai'n barod ar ein cyfer ar ôl yr haf. Addewid gwag, fel y profodd i fod, gyda'r canlyniad y bu'n rhaid i Mari a finne gario'r plant yn ôl ac ymlaen o Dregaron i Fachynlleth am hanner tymor cyfan cyn i ni fedru symud i mewn.

Yn ystod y cyfnod hwn, oherwydd bod cynifer o bwyllgorau, byddwn yn gorfod aros yn aml yng ngwesty'r Wynnstay. Rhaid cyfaddef i'r holl staff fod yn dda iawn wrtha i, ac i mi weld eu gorau. Ar un o'r nosweithiau hynny, a finne'n disgwyl am swper yn y stafell fwyta, daeth dau ddyn ifanc i mewn ac eistedd wrth y bwrdd nesaf ata i gan gymryd arnynt eu bod mewn brys mawr. Gan fy mod ar fy mhen fy hun, clywais nhw'n glir yn gosod eu harcheb i'r ferch oedd yn gweini. Ond pan ddaeth y bwyd – yr union fwyd y gofynnodd y ddau amdano – dyma un yn codi'i lais ac yn gweiddi ar y ferch a'i dwrdio am ddod â'r bwyd anghywir iddynt. Cododd y ddau fel un a chamu allan o'r stafell gan adael y ferch yn ei dagrau. Codais yn dawel a mynd allan i'w canlyn. Erbyn hyn roedd y ddau yn bytheirio wrth ddesg y rheolwr, a hwnnw'n ceisio'u darbwyllo i fynd yn ôl a dewis prydau o'u dewis am ddim, a dweud y byddai ef yn delio â'r weinyddes. Heb adael i bethau fynd ddim pellach, esboniais wrth y rheolwr yn hollol yr hyn a ddigwyddodd ac awgrymu ei fod yn galw'r heddlu. Ni chafodd y cyfle. Dihangodd y ddau allan i'r stryd, ac ni welwyd nhw yno wedyn. Fe es innau'n ôl at fy mwyd, a chael hyd yn oed mwy o ofal na chynt, os oedd hynny'n bosibl!

O'r diwedd, cafwyd caniatâd gan yr adeiladwr i symud i mewn yn ystod rhan ola'r hydref, ond wedi i ni symud y celfi i gyd i'r byngalo dyma ganfod nad oedd y pibau carthffosiaeth wedi eu cysylltu. Y canlyniad fu i ni i gyd fel teulu orfod treulio wythnos yng ngwesty'r Llew Gwyn cyn i ni, o'r diwedd, gael cysgu yn ein cartref newydd ar stad Cae Maenllwyd.

Yn fy nwy swydd flaenorol roedd swyddogion eraill wedi bod yno o'm blaen, ond erbyn hyn roedd disgwyl i mi fod yn dipyn o arloeswr, a thorri cwys newydd. Yn awr roeddwn yn gorfod annog ffermwyr i gydweithio, a hynny'n bennaf am ddau reswm. Yn gyntaf, câi'r ffermwyr eu trethu ar bob gweithiwr, hyn er mwyn cynyddu'r gronfa hyfforddiant. Yn ail, y meddylfryd amaethyddol ar y pryd oedd mai wrth draed ei feistr y byddai gwas yn dysgu, hyd yn oed os cymerai hynny flynyddoedd. Roedd angen newid hynny. Ar ben hyn, roedd dod â hyfforddwyr allan i ffermydd yn syniad hollol newydd ar y pryd. Gwelwn fod talcen reit galed o'm blaen, ac eto edrychwn ymlaen at y gwaith. Ond cyn cychwyn o ddifri, rhaid oedd mynd i'r Ganolfan Amaethyddol yn Stoneleigh am chwe wythnos o hyfforddiant fel gweithiwr maes.

O gyrraedd yno, roedd tua ugain o newydd-ddyfodiaid wedi ymgynnull, yn cynnwys gweithwyr o'r Alban, Lloegr a Chymru a hefyd rai fyddai'n gweithio o fewn y swyddfa ganolog. Cychwynnwn ar nos Sul er mwyn bod yno'n barod ar fore dydd Llun ac yna cyrraedd yn ôl tua naw o'r gloch nos Wener. Taith ddigon diflas oedd hon, yn enwedig ar y nos Wener pan ymddangosai fod holl boblogaeth Birmingham hefyd yn teithio i gyfeiriad Cymru.

Un o'm ffrindiau mawr ar y cwrs oedd Bill Hart, gŵr oedd yn gweithio allan o dref Henffordd ar y Gororau. Gŵr tal, wedi treulio rhai blynyddoedd fel milwr, a hynny fel Commando, oedd Bill, ac un nad oedd ganddo fawr o barch at athro na allai ddal diddordeb ei ddosbarth. Un o'i driciau fyddai dal ei law at ei glust a galw 'Shh! Shh!', a'r athro bron yn ddieithriad yn disgyn i'r trap drwy ofyn i Bill beth oedd yn bod. Ateb Bill bob tro fyddai, 'I can hear the tinkling of ice on glass', a phawb yn chwerthin. Serch hynny, er gwaetha'r triciau, pan ddaeth y chwech wythnos i ben credaf fod gan bob un ohonom syniad lled dda sut i ymdopi â'r gwaith. Ychydig a feddyliwn ar y nos Wener olaf wrth droi am adre y byddwn yn ôl yno gryn dipyn yn ystod y chwarter canrif nesaf fel hyfforddwr fy hun, a hynny am gyfnodau o wythnos ar y tro.

Un sioc a gefais wrth gyrraedd adre o Stoneleigh ar y

noson olaf honno oedd deall fod y ci defaid ifanc, ci glas Cymreig, wedi mynd ar goll. Cefais hwn gan Nhad yn rhodd, am ei fod yn fab i Ffan, yr ast orau fu gen i ar fynydd yn ystod fy nghyfnod fel bugail. Er dweud wrth y plant y gallent fynd â'r ci am dro – ond eu rhybuddio i beidio â'i ollwng yn rhydd – mae'n debyg i Mererid adael iddo redeg ar hyd y cwrs golff, ac fe ddiflannodd y ci. Er chwilio dyfal a chwibanu, wedi i mi ddod adre, diflannodd epil olaf Ffan, fel Owain Glyndŵr gynt ar Hyddgen.

Wedi cyrraedd yn ôl, euthum ati o ddifri i osod sylfaen i'r gweithgarwch drwy drefnu lle ar gyfer swyddfa, cyflogi ysgrifenyddes a sefydlu Pwyllgor Rhanbarth. Er yn cynrychioli Rhanbarth, rhaid oedd cael aelodau o Faldwyn, o Feirion ac o Geredigion. Ymysg y rhain roedd hi'n bwysig cael ffermwyr oedd yn gyflogwyr, gweithwyr, gan gynnwys hefyd goedwigaeth a'r colegau amaethyddol. Penodwyd Dafydd Wyn Jones, ffermwr o Aberangell ym Maldwyn, yn Gadeirydd cyntaf, un a ddaeth â llawer iawn o hiwmor iachus i'r gwaith. Byddai hyn yn hwyluso llawer ar bethau pan godai ambell storm. Ac yntau'n Gynghorydd hefyd, bu Dafydd yn gymorth i sicrhau defnydd o stafell Cyngor y Dref ym Machynlleth fel man cyfarfod – lleoliad pur ganolog ar gyfer cynrychiolwyr y tair sir.

Wrth i ni drafod y mater o sicrhau man cyfarfod ar gyfer cyfarfodydd gydag Ysgrifennydd Cyngor y Dref, John Parsons, daeth yn amlwg hefyd fod yna stafelloedd pwrpasol ar gyfer swyddfa o fewn hen adeilad mawreddog Plas Machynlleth. Buasai'r adeilad ar un adeg yn gartref i deulu Londonderry, ac yn ddiweddarach fe'i trosglwyddwyd i Gyngor y Dref. O ganlyniad roedd yna, o fewn yr adeilad, stafell bwrpasol wedi ei pharatoi ar gyfer y Cyngor Tref, stafell eang arall at wasanaeth cymdeithas Darby a Joan, ac i fyny'r grisiau stafelloedd yn cael eu rhentu allan fel swyddfeydd i wahanol gyrff, a bellach yn eu mysg y Bwrdd Hyfforddi Amaethyddol.

Ffaith arall oedd yn gwneud y lle'n ddelfrydol at bwrpas swyddfeydd oedd fod yno ddigon o le parcio y tu allan. Ychydig a feddyliais ar y pryd y byddai'r swyddfeydd hyn yn gartre gwaith i mi am dros ugain mlynedd. Rhyfedd hefyd oedd i bump o ferched fod yn ysgrifenyddesau dros y cyfnod hwn, ac mai dim ond un Gymraes oedd yn eu plith.

O sôn am hynny, cofiaf yn dda dod 'nôl un prynhawn, a'r ysgrifenyddes ar y pryd yn Saesnes, a gofyn iddi a oedd unrhyw negeseuon. Oedd, roedd yno nifer ac yn eu plith roedd un gan wraig o Lanilar, fel y llwyddais i ddeall yn y diwedd. Roedd enw'r wraig ganddi, ond y broblem oedd enw'r lle. Fe gafodd y 'Llan' yn ddidrafferth, ond pan ddaeth at yr 'i dot' fe aeth pethe o chwith. Drwy lwc, roedd hi wedi cael y tair llythyren olaf yn gywir ar bapur, ac o'r diwedd llwyddais i ddatrys y broblem.

Dro arall gofynnais i'r un ferch drefnu i mi fynd i ymweld â ffermwr ger Trawsfynydd. Dim problem ganddi, chwarae teg. I ffwrdd â fi ar y pnawn Iau canlynol, ac wedi cyrraedd y buarth gwelwn y ffermwr wrthi'n brysur yn corlannu'r defaid, a daeth ei wraig allan o'r tŷ. Cyn i mi gael cyfle i ddweud dim, dyma hi'n achub y blaen: 'Mr Arch ATB, is it?' gofynnodd, ac yna gwaeddodd ar ei gŵr: 'Mae dyn yr ATB yma!' Chefais i ddim siawns i ddweud gair cyn i'r ffermwr weiddi'n ôl: 'Dwed wrth y diawl am fynd i gythraul – dwi'n brysur!' Yna dyma gyfle i mi gael gair i mewn yn Gymraeg wrth y wraig: 'Fe a' i draw i gael gair bach ag e.' Doedd dim rhaid i mi ddweud gair arall wrthi. Cochodd at ei chlustiau ac aeth yn ôl i'r tŷ gan gau'r drws yn glep. Euthum draw at y corlannau a dweud wrth y gŵr: 'Mr Jones bach, peidiwch â gadael i mi fynd i weld y diafol ar fy mhen fy hunan. Dewch gyda fi.' A chyn pen dim, rown i'n ei helpu i orffen gyda'r defaid. Ac yna dyma gael gwahoddiad i'r tŷ. Yno, dros baned a brechdanau jam cartref, llwyddwyd dod i ben â'r broses, a chafodd y wraig, druan, gyfle i ddod ati ei hun. Mae'n debyg i'r cyfuniad o Saesnes yn y swyddfa a chyfenw Seisnig fel Arch wneud i nifer o drigolion Meirion ar y cychwyn gymryd yn ganiataol mai Sais oeddwn innau.

Roedd Prif Swyddog Cymru ar y pryd hefyd yn Sais, a chofiaf fynd gydag ef i ymweld â ffermydd ym Mro Dysynni gan gyrraedd buarth fferm Dysefin, lle trigai Bob Roberts a'r teulu. Wrth i mi yrru i mewn i'r buarth, rhuthrodd dau gi defaid allan o un o'r adeiladau, a chyn fy mod i wedi stopio, bron, aeth y ddau am yddfau ei gilydd ac i mewn o dan y car. Clywn Bob yn dweud wrth ei fab: 'Fe fydd yr ATB yma wedi lladd fy nghŵn i cyn cychwyn hyfforddi.' Rhywfodd neu'i gilydd, yn yr ymrafael, aeth y ddau gi yn sownd y tu ôl i blât cofrestru'r car. Er holl ymdrechion Trefor y mab a finne, bu'n rhaid nôl sgriw dreifer a thynnu'r plât i ffwrdd cyn rhyddhau'r cŵn. Trwy lwc roedd y ddau yn ddianaf. Ie, hen gychwyn digon symol gafwyd yn y fro.

Yn fuan iawn profodd croeso Dysynni i fod yr un mor gynnes â chroeso gweddill Meirion. Ond go brin y gallwn fod wedi darogan y byddai digwyddiad mawr yn codi o'r fro honno a fyddai'n rhoi'r Bwrdd Hyfforddi ar ben y ffordd nid yn unig yng Nghymru ond ledled Prydain. Denodd hynny sylw mawr ataf i, ond hyd heddiw gwn mai ymdrech a gweledigaeth criw o ffermwyr Dysynni oedd yn gyfrifol am y syniad.

Mewn cyfarfod o naw neu ddeg o ffermwyr yr ardal, penderfynwyd fod angen hyfforddiant ar nifer o'u gweithwyr mewn rhai o'r dulliau diweddaraf, a hefyd bod angen tri neu bedwar o fugeiliaid ifanc ar rai o'r ffermydd. I'r pwrpas hwn penderfynwyd y byddai'r ffermwyr yn ffurfio grŵp hyfforddi gan ddefnyddio'r adnoddau ar ffermydd ei gilydd, gyda'r Bwrdd Hyfforddi i ofalu am hyfforddwyr addas lle bo angen. Felly y bu, a chyn pen dim etholwyd swyddogion a threfnwyd rhaglen o hyfforddiant am y chwe mis cyntaf.

O ran y swyddogion, etholwyd Alun Evans yn Ysgrifennydd, Meuric Rees yn Gadeirydd a Hugh Tudor yn Drysorydd. Gogoniant y system, wrth gwrs, oedd bod hyfforddiant yn cael ei gynnal ar adegau cyfleus ac mewn lleoliadau cyfleus i gwrdd ag anghenion y ffermydd, ac yn bwysicach fyth, roedd yr hyfforddiant wedi'i drefnu'n arbennig ar gyfer y grŵp.

O'r cychwyn cyntaf bu'r syniad yn llwyddiant mawr, a hwn, sef Grŵp Tywyn, oedd y cyntaf ym Mhrydain i gael ei sefydlu. Yn sicr, bu'n fodd i wneud fy ngwaith i'n llawer haws, ac yn bennaf eto oherwydd y cyhoeddusrwydd, llwyddais i ffurfio grŵp yn yr Ystog (Churchstoke) a Threfaldwyn, ger Clawdd Offa, ac un arall i fyny yn Llanfihangel-yng-Ngwynfa, ger Llyn Efyrnwy. Bu'r symudiad yma ar ddechrau'r saith degau yn un mor sydyn, a denodd y fath gyhoeddusrwydd, fel i'r Bwrdd Canolog (mewn cyfarfod ar faes y Sioe Fawr yn Stoneleigh) benderfynu fod hwn yn ddatblygiad y dylid ei feithrin ar draws Cymru, yr Alban a Lloegr.

O ganlyniad i hyn, bu nifer o'm cydweithwyr oedd yn gweithio yn yr Alban a Lloegr yn ymweld ag ardaloedd yng Nghymru a finne o dro i dro yn gorfod annerch pwyllgorau staff i esbonio sut i weithredu'r syniad. Credaf y byddai sawl un o'm cydweithwyr ar yr adeg hon wedi bod yn falch o gael rhoi cic yn fy nhin am osod cymaint o bwysau arnynt.

Teimlwn innau'r pwysau hefyd gan i'r grwpiau alw am fwy a mwy o gyrsiau. Canlyniad hyn fu galw am fwy o hyfforddwyr, ac o'r herwydd byddwn byth a hefyd yn chwilio am bobl gyda sgiliau perthnasol ac yna'n trefnu iddynt helpu'r staff canolog yn Stoneleigh gan fod cynifer o bobl bellach ag angen eu dysgu i fod yn hyfforddwyr. Byddai angen i bob un ohonom fod yn meddu ar dri neu bedwar o sgiliau fel y medrem ddysgu'r rhain i'r disgyblion, ac iddynt hwythau o ganlyniad godi'r dechneg er mwyn dysgu eu sgiliau eu hunain yn ôl i'w disgyblion ar y fferm.

Wythnosau digon caled fyddai'r rhain yn Stoneleigh, gyda Phennaeth y Ganolfan yn ein trin yn aml fel plant bach. I Bill Hart, fy nghyfaill a garai'r 'pink gin' gymaint, roedd cael ei gyfyngu i waith nos, a hwnnw'n ei gadw o'r bar, yn ei yrru o'i gof. Yn aml dywedai, 'That man is so straight-laced he should wear a wooden suit'. Eto i gyd, er gwaethaf hyn, cafodd Bill a minnau ambell noson dda, a llyncodd Bill fwy nag un 'pink gin'.

Dyma'r adeg hefyd pan ofynnwyd i mi ychwanegu Sir Faesyfed at yr ardal oedd gen i eisoes, a bûm yn ddigon ffôl i wneud hynny. Hon oedd yr adeg hefyd pryd y penderfynwyd cynnal ymchwiliad ar draws rhannau o'r wlad er mwyn ceisio datblygu gwell ymwybyddiaeth o anghenion hyfforddiant ffermwyr yn gyffredinol. Un o'r ardaloedd hyn oedd Sir Faesyfed, a phenderfynwyd y byddwn yn ymweld â phump ar hugain o ffermydd gan holi'r ffermwyr am eu hanghenion, a nodi'r atebion i gyd ar ffurflen wedi'i pharatoi rhag blaen. Felly y bu, a chofiaf un bore i mi fynd i fferm nid nepell o Lanbadarn Fynydd, gan fynd i'r gegin i gychwyn holi'r ffermwr yn unol â'r daflen a gefais gan y Bwrdd. Yr un oedd pob ateb bob tro: na, doedd dim angen unrhyw hyfforddiant. Yn fuan iawn dyma roi'r ffurflen heibio a throi i sgwrsio am yr anifeiliaid ar y fferm. Cyn pen dim cefais wybod fod gan y ffermwr ddau geffyl. Aethom allan i gael golwg arnynt, a dyma sylwi ar nifer o broblemau. Cyn i mi adael roedd y ffermwr wedi cytuno fod angen chwe chwrs, a chafodd y rheiny eu nodi ar y ffurflen. Do, dysgais nad yn y gegin oedd cael atebion i'r cwestiynau, ac nad oedd ffurflen ynddi ei hun yn werth fawr ddim.

Cefais lawer o hwyl ym Maesyfed gan gwrdd â nifer o gymeriadau yno. Yr adeg honno byddai ffermwyr, os yn fodlon, yn caniatáu i fechgyn neu ferched ifanc ddilyn cwrs prentis dros gyfnod o dair blynedd, gan dderbyn grant a delid ar ddiwedd pob blwyddyn os byddai'r canlyniadau'n ffafriol. Roeddwn wrthi ym Maesyfed un bore yn recriwtio prentisiaid, ac wedi galw mewn tafarn am frechdan amser cinio. Wrth y bar roedd dau ŵr a oedd yn amlwg yn ffermwyr, a chyn hir meddai un yn uchel wrth y llall yn Saesneg: 'Rhaid i mi fynd adre. Mae rhyw blydi ffŵl o'r Weinyddiaeth yn dod draw i arwyddo tri phrentis. Fe wna i roi tri enw iddo fe. Fydd e ddim callach.'

Rhoddais amser iddo gyrraedd adre a chael ei ginio ac yna euthum draw i'r fferm. Ni welais wyneb unrhyw un yn syrthio'n is erioed pan ddaeth i'm cyfarfod wrth y drws. Cofiais eiriau doeth Dan Evans 'nôl yn Sir Aberteifi: 'Paid â gadael i'r rôg dynnu'r mat o dan dy draed.' Fe wnaethom, serch hynny, gydweithio heb unrhyw broblem arall am sawl blwyddyn.

Ymweld â fferm ym Maesyfed hefyd roddodd i mi un o'r syniadau gorau ddaeth i'm rhan tra oeddwn yn gweithio i'r Bwrdd. Gweld gwraig yn stryffaglu wrth geisio tynnu oen, a'r gŵr i ffwrdd yn y farchnad, oedd y sbardun. Y noson honno, a finne'n dal i weld ei hwyneb, gwawriodd y syniad a'r bore trannoeth roeddwn gartre yn Ystrad Fflur gyda Dai, fy mrawd. Gofynnais iddo a oedd ganddo ddafad wedi marw. Dyma'r adeg pan fyddai gan ffermwr yr hawl i gladdu creadur marw ar y tir. Ac fel y digwyddodd pethe, roedd ganddo un, a honno heb ei chladdu. Heb feddwl ddwywaith, dyma fynd ati i dynnu'r cig oddi ar y sgerbwd. Ac wedi i mi lwyddo i gael esgyrn rhan ôl y ddafad yn weddol glir o gnawd, dyma eu gosod mewn bag plastig a'i chychwyn hi'n ôl am Fachynlleth.

Euthum â'r cyfan o'r esgyrn i'r tŷ heb feddwl ddwywaith, a chwilio am y sosban bwysedd. Drwy lwc, roedd Mari wedi dechrau dysgu unwaith eto, felly doedd dim perygl y byddai'n holi beth na pham. Wedi berwi'r esgyrn am dros awr, ac efallai ragor, agorais y teclyn a chanfod eu bod yn lân – er na allwn ddweud hynny am du mewn y sosban bwysedd. Gwyddwn fod storm i ddod. Penderfynais wynebu honno'n ddiweddarach.

Roedd y cynllun, yn wahanol i'r esgyrn bellach, yn dal i ferwi yn fy mhen. Euthum i'r Co-op i chwilio am gafn dŵr plastig, un cymharol ddwfn, ac yna bagiau plastig tua deunaw modfedd o hyd – rhai cryfach na'r cyffredin. Wedyn dyma yrru'n ôl am y Bont ac at Rowland fy nghefnder, a oedd yn saer coed o'r radd flaenaf. Gosodais fy nghardiau ar y bwrdd a dweud wrtho fy mod i am adeiladu dafad blastig, gydag esgyrn y pelfis wedi eu cysylltu ag asgwrn cefn wedi'i wneud o bren y tu mewn i'r tanc plastig, a hynny trwy agoriad a wnaed yng nghefn y tanc. Byddai angen wedyn llenwi'r tanc â dŵr cynnes, fel y byddai'r bag plastig yn llenwi â dŵr ac yn nofio o fewn y pelfis. Wedi gwneud hyn, byddwn yn gosod oen marw yn y bag, gosod gorchudd dros y tanc a chael milfeddyg i ddysgu bugeiliaid sut i dynnu oen, a hyd yn oed dynnu efeilliaid. Yn ogystal, byddwn yn medru gosod yr ŵyn yn yr holl wahanol sefyllfaoedd y byddai bugail yn debygol o ddod ar eu traws dros dymor yr wyna. Chwarae teg i Rowland – er iddo edrych arnaf braidd yn rhyfedd i gychwyn, yn union fel petawn wedi drysu – aeth ati o ddifri. A chyn pen dim roedd y 'ddafad' yn barod.

Un broblem oedd ar ôl bellach, sef perswadio'r milfeddygon i fod yn hyfforddwyr. Bûm yn ffodus dros ben i gael Terry Boundy yn nhre Trefaldwyn, Graham Jones yn y Drenewydd a Bruce Lawson yn Nolgellau i fodloni i ymgymryd â'r gwaith, ac er mawr syndod i mi roedd y tri yn uchel eu clod o'r 'ddafad'.

Yn awr, wrth gynnal cyrsiau, rhaid fyddai chwilio am ŵyn marw cyn cychwyn allan i bob lleoliad. Buan y daeth pobl i wybod am y cynllun a byddent, chwarae teg, yn cysylltu â mi. Er bod y milfeddygon yn hapus iawn i gynnal y cyrsiau ac yn gweld y ddafad blastig (a fedyddiwyd yn Saesneg yn 'the phantom ewe') fel cyfarpar arbennig at y gwaith, byddai eraill yn gweld y datblygiad yn milwrio yn erbyn eu gwaith a'u bywoliaeth. Cefais bryd o dafod gan aml i filfeddyg ar y cychwyn, yn eu plith Ifan Davies, Y Bala. Ond chwarae teg iddynt, ni fuont yn hir cyn gweld fod hyn yn help iddynt hwythau hefyd a bod nifer bellach yn dod â phroblemau wyna anodd i mewn i'r filfeddygfa ac yn cael oen a dafad fyw i fynd adre lle gynt y byddent wedi lladd yr oen, os nad y ddafad hefyd, cyn gweld y rheidrwydd i fynd atynt. Yn sgil hyn daeth nifer o filfeddygon yn ffrindiau mawr â mi; yn eu plith yn sicr roedd Ifan Davies o'r Bala.

Yn dilyn hyn cefais orchymyn i adeiladu rhagor o'r defaid plastig hyn fel bod un ar gael ar gyfer pob Swyddog Rhanbarth yng Nghymru. O ganlyniad bu mynd mawr ar y sosban bwysedd nes ei difetha'n llwyr, a chael yfflon o gerydd gan Mari. Chwarae teg iddi, fe giliodd y storom yn fuan iawn ac anghofiodd bopeth am y peth. Bu mynd mawr ar y cyrsiau wyna hefyd yn y Canolbarth gyda'r canlyniad i mi fod braidd yn hunanol a chadw'r defaid plastig at fy nibenion fy hun nes bod yr wyna ar ben. Yn fuan cefais fy ngalw i'r Brif Swyddfa, a derbyn cerydd gan y bòs am nad own i wedi dosbarthu'r defaid plastig fel y dylaswn fod wedi ei wneud. Atebais drwy ddweud na allwn fod wedi rhannu'r defaid allan tan Fai y pymthegfed. Yn flin iawn, gofynnodd pam. Atebais, 'Under the hill sheep subsidy rules, you cannot let any ewe go before that date.' Chwarae teg iddo, torrodd allan i chwerthin. Do, bu'r hen ddafad blastig yn foddion i ddenu llawer iawn o gyhoeddusrwydd, ac wrth edrych yn ôl, bu'n gofnod ar fy llyfr cownt a fyddai, rai blynyddoedd yn ddiweddarach, yn cyfrif llawer pan ddaeth cyfle am ddyrchafiad.

Heddiw, wrth edrych yn ôl, mae'n debyg mai'r camgymeriad mawr wnes i oedd peidio cofrestru'r ddyfais fel patent. Petawn wedi gwneud hynny, hwyrach y byddwn â'm traed i fyny erbyn hyn yn edrych allan drwy'r ffenestr ar y glaw gyda jin a thonic yn fy llaw. Dylaswn hefyd fod wedi llunio bil ar ran Mari am yr holl ddifrod a barodd y soda yn y dŵr i'r sosban bwysedd wrth ferwi'r esgyrn, a'i chydnabod hefyd am wnïo mamog plastig i bob dafad. Ond yng ngeiriau Dai Cornwal erstalwm, 'Hawdd codi pais ar ôl piso'.

I mi, roedd gweld ffermwyr a gweision o bob oed yn cael cyfle i ddysgu gwahanol sgiliau yn eli i'r galon, a thros y blynyddoedd ychydig iawn o droeon trwstan ddaeth i'm rhan. Yn y dyddiau cynnar, un o'r cyflogwyr mwyaf cefnogol i hyfforddiant oedd y Capten J. Hext Lewes o Lanllŷr ger Felinfach. Cofiaf yn dda amdano'n dod â dau o'i weision ar gyfer cwrs trafod offer llaeth ar fferm Ystrad Dewi ger Llanddewibrefi. Roedd hi'n ddiwrnod reit oer yng nghanol y gaeaf, a chan fod parlwr godro bob amser yn lle oer dyma fi'n mynd â gwresogydd nwy i'm canlyn. Roedd y gwresogydd ar ffurf bocs hirsgwar, a gosodais ef ar ganol llawr y parlwr fel y gallai pawb fanteisio arno. Dylaswn, mae'n debyg, fod wedi rhybuddio pawb fod top y gwresogydd yn medru bod yn boeth iawn. Ond rhwyfodd neu'i gilydd, wnes i ddim. Beth bynnag, rywbryd yn ystod y bore rhaid bod y Capten wedi dechrau blino. Heb unrhyw rybudd, dyma fe'n eistedd ar y gwresogydd. O fewn eiliadau roedd e'n neidio ar ei draed, a thin ei drowsus wedi ei losgi i ffwrdd. Dyma, mae'n siŵr gen i, oedd y tro cyntaf a'r olaf i Uchel Siryf golli tin ei drowsus mewn parlwr godro. Chwarae teg iddo, ni chreodd unrhyw stŵr ac ar ôl i Mrs Lloyd Jones, Ystrad Dewi, roi trowsus arall iddo, bu'n ddigon dewr i aros gyda ni hyd ddiwedd y dydd. Heddiw byddai damwain o'r fath wedi ennyn ymchwiliad gan yr adran Iechyd a Diogelwch, a minnau fel swyddog cyfrifol o flaen fy ngwell.

O bryd i'w gilydd byddai'r penaethiaid o'r swyddfa ganolog yn Llundain yn awyddus i ddod atom er mwyn, medden nhw, iddynt gael ymdeimlad o'r gwaith allan ar y fferm. Yn ystod y tripiau yma byddent yn ymweld â dau neu dri chwrs, cyfarfod â hyfforddwyr ac aelodau'r cyrsiau, ac yna cynnal rhyw bwyllgor bach fin nos mewn gwesty gan gyfarfod â phedwar neu bump o'r cyflogwyr. I ni oedd allan yn y wlad, gwelem hyn fel dim byd mwy na chyfle gan y swyddogion i dreulio ychydig ddyddiau allan o'r swyddfa gan lenwi eu boliau ar yr un pryd tra'n trefnu gwaith ychwanegol ar ein cyfer. Ar un o'r ymweliadau hyn daeth Richard Swan, y Prif Swyddog Hyfforddi, ataf i Sir Drefaldwyn gan sefyll dros nos yng ngwesty'r Arth yn y Drenewydd.

Rhaid felly oedd trefnu rhaglen, ac un gweithgaredd

oedd cwrs trafod gwartheg ar fferm Bacheldre, cartref Mr
a Mrs Donald Rogers. Yr hyfforddwr oedd bachgen o'r
Alban – cryn gymeriad, ond un â phrofiad helaeth o drin
a thrafod gwartheg. Ei unig wendid oedd ei or-hoffter o'r
botel. Bob bore cyn cychwyn rhaid fyddai iddo gael dau
frandi mawr ('for medicinal purposes' oedd ei ddisgrifiad
ef), ond ar ôl hynny gweithiai'n ddiwyd drwy'r dydd.
Wedi i ni gyrraedd y fferm y bore hwnnw, gyda Richard
Swan yn ein canlyn, gwelwyd bod chwech o fechgyn
wedi ymgynnull. Roedd Donald Rogers, chwarae teg
iddo, wedi dod ag ugain o heffrod ifanc i'r ffald goncrit.
Roedd y gwartheg – oherwydd eu bod wedi gwylltio,
mae'n debyg – wedi gadael peth wmbredd o fudreddi ar
y llawr. Bwriad yr hyfforddwr oedd mynd i mewn at y
gwartheg, a'r rheiny'n dal yn wyllt, a dangos yn y lle
cyntaf i'r bechgyn sut oedd dal heffer a gosod coler yn ei
phen. Erbyn hyn, yn enwedig wrth weld bod y gwartheg
mor wyllt, roedd cryn chwilfrydedd ymhlith y bechgyn.
Ar yr union adeg honno y galwodd Donald Rogers fi i'r
naill ochr i drafod trefniadau bwyd y swyddogion pwysig
yn nes ymlaen. A dyma pryd y penderfynodd un o'r
heffrod mwy gwyllt na'r gweddill ruthro heibio'r
hyfforddwr. Wrth iddi wneud hynny, collodd ei thraed a
syrthiodd gan luchio cawod o'r hyn oedd ar lawr y ffald
dros yr ymwelydd o Lundain. Edrychai fel petai wedi ei
beintio â dom gwartheg. Bu'n rhaid ei olchi i lawr yn y
beudy efo piben ddŵr cyn mynd i'r tŷ i chwilio am
ddillad sych iddo. Yn rhyfedd iawn, ychydig a welwyd o
Richard Swan ar ôl hynny, er i'r hyfforddwr o'r Alban
daeru y byddai'r gŵr mawr, petai wedi cael brandi i

frecwast, wedi medru symud o ffordd y gawod ddrewllyd yn ddigon buan!

Erbyn hyn roedd Cymru benbaladr yn frith o grwpiau hyfforddi, tua chant i gyd, a'r galw am hyfforddwyr yn cynyddu o ddydd i ddydd. Fel teulu, roeddem bellach wedi setlo ym Machynlleth ac wedi gwneud nifer o ffrindiau yno. Euthum ati hefyd i ailgychwyn parti drama un act, a thrwy hynny gael llawer o hwyl gan hyd yn oed gystadlu rhyw ychydig. Cafwyd peth llwyddiant, heb sôn am yr hwyl o deithio o gwmpas yn cynnal nosweithiau ar gyfer achosion da.

Roedd Mari erbyn hyn wedi mynd yn ôl i ddysgu gan, yn gyntaf, dreulio blwyddyn yn Ysgol Penffordd-las. Yna cafodd alwad i Ysgol Glantwymyn, un o'r mannau hynny ym Maldwyn a ddatblygwyd fel canolfan yn cynnwys neuadd fro ac ysgol ar yr un campws. Y Pennaeth, fel arfer, fyddai Warden y Ganolfan. Credaf i'r canolfannau hyn brofi i fod yn llwyddiant mawr. Hyd heddiw gwelir pob math o weithgaredd gyda gwahanol gymdeithasau yn cyfarfod o'u mewn. Yng Nglantwymyn y byddai Clwb Ffermwyr Ifanc Bro Ddyfi yn cyfarfod, a bûm yn ddigon ffodus yn ystod y blynyddoedd cynnar hyn i dreulio tipyn o amser yn eu plith gan eu hyfforddi i siarad yn gyhoeddus a chymryd rhan mewn dramâu. Fel y gellid disgwyl, roedd yno nifer o gymeriadau yn eu plith a chafwyd aml i noson ddifyr yno a digon o gyfle i deithio yn eu cwmni.

Yna, heb fawr ddim rhybudd, daeth yn amser i symud unwaith eto, a'r tro hwn nid arnaf i oedd y bai. Yn Hydref 1975 deallodd Mari fod prifathro ysgol bentref Pennal, Sir Feirionnydd, yn symud i Ddyffryn Ardudwy ac y byddai galw am bennaeth newydd i'w olynu. Yn ôl yr arfer, cyn symud gam ymhellach, galwyd cyfarfod teuluol. Y canlyniad oedd ein bod ni'n cefnogi Mari, os dyna oedd ei dymuniad, a hynny a fu.

Cafodd gyfweliad, a hynny ar adeg pan oeddwn i yn yr ysbyty yn derbyn llawdriniaeth. Daeth i'm gweld y noson cynt, ac edrychai fel petai mwy o angen llawdriniaeth arni hi nag ar y rhai ohonom oedd yn yr ysbyty. Er gwaetha'i nerfusrwydd, aeth y bore canlynol am Gaernarfon gyda chymdoges i ni, Mair Roberts, yn gwmni. A hi wnaeth yrru'r car hefyd. Ac er i Mari grynu a chwysu drwy'r cyfweliad, bu'n llwyddiannus. Ac fel yr hen sipsi hwnnw, Lovell, gwyddwn fod codi pac i fod eto. A finne yno'n eistedd yn yr ysbyty, daeth un o storïau Dai Cornwal yn ôl ataf. Disgrifiai Dai rhyw foi bach o Dregaron wrth Mam unwaith gan ddweud na fyddai hwnnw byth bron yn dadbacio'i siwt orau rhag ofn iddo orfod symud eilwaith cyn ei gwisgo. Bron na theimlwn inne'r un fath.

Dros y Ddyfi

Ni fyddai symud i Bennal yn amharu nemor ddim arna i gan na fyddwn fwy na rhyw bedair milltir i ffwrdd o'r swyddfa ac yn dal i fyw o fewn y rhanbarth. Y broblem, wrth gwrs, yw gwerthu tŷ a phrynu un arall heb ddod ar draws gormod o broblemau. Yn wahanol i'r arfer, ni fu problem gwerthu'r tro hwn. Ond bu'r prynu'n stori wahanol. Roedd mynydd i'w ddringo.

Roedd gan y Pwyllgor Addysg dŷ ysgol at wasanaeth y prifathro, ac oherwydd bod y cyn-brifathro'n symud i ffwrdd, byddai'r tŷ'n dod yn rhydd. Er hynny, ein teimlad fel teulu oedd, os oeddem am gadw at y nod o fod yn berchen ar ein cartref ein hunain, y byddai'n rhaid i ni brynu. Gwrthododd y Pwyllgor Addysg werthu'r tŷ i ni, felly dyma wneud y penderfyniad i chwilio am rywle arall gyda'r bwriad eto o brynu darn o dir ynghlwm ag ef hefyd.

Methiant fu ceisio prynu'r un tyddyn oedd â thir ond ar yr unfed awr ar ddeg llwyddwyd i setlo ar dŷ â bwthyn ynghlwm wrtho. Yn anffodus roedd angen tipyn o waith arnynt. Gweledigaeth Mari fu datblygu'r ddau fel un tŷ, a gwyddwn wrth dderbyn yr allwedd fod dyddiau'r gaib a'r rhaw yn eu hôl.

Yng nghanol y trefniadau ar gyfer symud, dyma alwad yn dod o'r Brif Swyddfa yn Llundain yn galw arnaf i fynd i Swydd Cork yn Iwerddon ar gwrs deng niwrnod, pryd y byddwn yn esbonio i'r Gwyddelod am waith y Bwrdd Hyfforddi yng Nghymru. Oherwydd hyn, trefnwyd y byddem yn symud i Bennal ar y dydd Sadwrn, gan y byddwn yn ôl o'r Ynys Werdd ar y nos Wener cynt. Ond fel y dywed yr hen ddihareb, haws dweud na gwneud.

Teithiais i Iwerddon a deall y byddwn yn lletya gyda Phennaeth y Ganolfan Ymchwil yng Nghorc. O'i gyfarfod, deallais na fu'n rhyw dda ei iechyd – er y taerai ef ei fod bellach yn holliach. Wrth i mi eistedd wrth y bwrdd swper ar y noson gyntaf, rhybuddiwyd fi gan ei wraig i beidio â chynnig wisgi iddo yn ystod fy ymweliad. Gorchymyn doctor, medde hi. Beth bynnag, ar ôl swper awgrymodd y gŵr fynd â mi am dro yn y car i weld gwaith cloddio oedd yn digwydd ar gors nid nepell o'r tŷ. Doedd y car ond wedi mynd rownd y gornel o'r tŷ pan ofynnodd y gŵr i mi wasgu rhyw fotwm ar lawr y car ger y sêt flaen. Wrth i mi wasgu'r botwm, dyma botel o wisgi a dau wydryn yn ymddangos. Ac felly y bu'r hanes bob nos, er i mi addo i'r wraig na fyddwn yn cynnig wisgi iddo. Ar y ffordd adre byddai'n sugno mints er mwyn cael gwared ag arogl y wisgi. Hyd heddiw, ni wn a fûm i'n gyfrifol am fyrhau ei fywyd ai peidio. Ond digon yw dweud i mi dreulio deng niwrnod penigamp.

Pan gyrhaeddais borthladd Rosslare, nid oedd pethe'n ymddangos yn dda, gyda'r tonnau'n poeri eu cynddaredd yn erbyn waliau'r cei. Eisoes roedd y cwch nesaf wedi'i ohirio. Doedd dim amdani felly ond ymuno â phump o ffermwyr o Iwerddon oedd ar eu ffordd draw i Gymru i brynu gwartheg. Fe all y Gwyddelod fod yn gwmni difyr dros ben ac roedd y rhain, yn amlwg, yn perthyn yn agos iawn i'r camel gyda'u syched diarhebol. Rhwng y gwynt y tu allan a'r Guinnes y tu mewn, hedfanodd yr oriau nesaf nes daeth gwaedd sydyn yn ein hysbysu fod y llong am Gymru ar fin gadael.

Ar y cwch, llwyddais rywfodd i golli fy ffrindiau newydd. A da o beth oedd hynny, neu go annhebyg y buaswn wedi gyrru hyd yn oed un filltir o Abergwaun. Sylweddolwn erbyn hyn fod y lorri gelfi'n cyrraedd am wyth fore trannoeth i'n symud i Bennal fel teulu. Bu'r fordaith yn un reit arw, a chystal cyfaddef i mi golli peth o'r Guinness cyn cyrraedd Abergwaun.

Doedd nemor yr un car i'w weld ar y ffordd o'r porthladd nes, yn sydyn, fe ymddangosodd golau glas o'r tu ôl i mi. Yn amlwg, roedd y gyrrwr am i mi stopio. Cwestiwn cyntaf y plismon oedd holi a fûm i yn Iwerddon. O dderbyn ateb cadarnhaol, gofynnodd i mi fynd allan ac agor drysau ôl a chist y car. Gan na welodd unrhyw beth amheus cefais ganiatâd i fynd yn fy mlaen. Yn Llanrhystud digwyddodd yr un peth eto. Hyd heddiw, wn i ddim am beth oedd yr heddlu'n chwilio. Beth bynnag ydoedd, doeddwn i ddim yn ei gario. Cofiaf yn dda gyrraedd rhif chwech Cae Maenllwyd am hanner awr wedi saith y bore, a Mari a'r plant eisoes yn hel y celfi at y drws ar gyfer y lorri, a fyddai'n cyrraedd ymhen hanner awr. Doedd ond amser am baned a sleisen o dost cyn i'r criw gyrraedd ar gyfer y gwaith, a'r symud tŷ unwaith eto'n cychwyn o ddifrif.

Fel y nodais gynt, roedd y cartre newydd yn cynnwys tŷ a bwthyn o dan yr un to, gyda wal gerrig solet yn gwahanu'r ddau. Gan i'r lle fod unwaith yn gartref i ddau deulu, roedd gennym hefyd ddwy ardd, a'r rheiny erbyn hyn wedi cael penrhyddid i dyfu'n wyllt. Mae'n debyg, wrth i mi edrych yn ôl, i mi wneud y camgymeriad mawr o fynd ati i'w trin, gan y cawn heddiw grant sylweddol gan y Cyngor Cefn Gwlad ar gyfer eu gadel yn gynefin gwyllt. Cofiwch, fe fyddai rhai'n taeru o hyd nad yw'r gwahaniaeth yn fawr. Euthum i'r gwaith y bore Llun cyntaf hwnnw ar ôl symud yn teimlo'n reit ddiflas o sylweddoli y byddai pob munud sbâr yn mynd naill ai i weithio ar y tŷ neu ar yr ardd.

Pan gyrhaeddais adre'r noson honno sylweddolais fod gwaeth i ddod pan welais Mari ac adeiladydd lleol yn sgwrsio wrth y bwrdd gan drafod y newidiadau oedd yn yr arfaeth. Mwy diflas fyth oedd deall y byddai yna gychwyn buan, ac mai fi – ac Ifer y mab, pan fyddai hwnnw adre o'r ysgol – fyddai'r ddau labrwr ar gyfer y prosiect. Yn fuan iawn roedd tyllau yn y muriau ar gyfer drysau newydd, a rhaid fu dymchwel ambell fur yma ac acw er mwyn ymestyn stafell neu osod grisiau newydd. Gweithiai Roberts, yr adeiladydd, – gŵr mewn tipyn o oedran – ar ei ben ei hun; roedd yn grefftwr da, ond yn un a oedd braidd yn anodd ei drin.

Bu'r haf hwnnw, os cofiwch – sef haf 1976 – yn un sych a phoeth, a chofiaf un prynhawn weld Ifer yn eistedd ar garreg y drws yn chwys diferol, ei wyneb fel storm ganol gaeaf. Deallais yn ddiweddarach fod Roberts wedi bod yn anfodlon â phob cymysgfa o sment y bu Ifer a Mari yn eu paratoi drwy'r dydd. Aeth pethau'n uffernol o ddrwg rhyngddynt, er i Mari geisio'i gorau i dawelu'r dyfroedd. Do, bu aml i sgarmes cyn i'r gwaith ddod i ben – ac nid ar y sment oedd y bai chwaith. Heddiw, credaf y byddai

118

Ifer a finne wedi cicio Roberts yn ei ben-ôl a'i anfon lawr y ffordd oni bai am ymdrechion diplomataidd Mari i gadw'r cawl rhag berwi drosodd.

Serch hynny, i fab fferm doedd y whilber, neu'r ferfa, ddim yn gelficyn dieithr. Ac wedi bod yng nghwmni Dafydd Hughes, hen fasiwn y Bont, nid oedd gosod carreg ar garreg yn estron chwaith. Fodd bynnag, wrth gyrraedd adre o'r gwaith un prynhawn a gweld Mari'n syllu ar y distiau o dan y nenfwd, a'r rheiny'n ymestyn uwchlaw pob stafell ar lawr y tŷ, deallais fod gen i dasg hollol wahanol o 'mlaen. Am fis cyfan, wedi cyrraedd adre, byddwn yn gwisgo dillad olew a menig rwber (a hyn yn ystod haf chwilboeth 1976, cofiwch) er mwyn gosod asid ar ddarnau o'r distiau, ei adael am ychydig, ac yna sgwrio'r paent i ffwrdd. O dan yr hen drefn roedd lliw pob un o'r distiau'n wahanol. Fedrwn i ddim treulio mwy nag awr a hanner ar y tro wrth y gwaith cyn gorfod ildio. Yna rhaid oedd golchi'r asid i ffwrdd oddi ar y dillad olew. O weld yr holl ymdrech a'r chwysu, geiriau Mari fyddai: 'Gwell i ti fynd am beint tra bydda i'n gwneud bwyd.' Ac felly y bu nes i'r gwaith, diolch i Dduw, ddod i ben o'r diwedd.

Fel sy'n digwydd yn aml ar ôl haf poeth a sych, cafwyd gaeaf cynnar ac oer – a ninnau erbyn hyn ar hanner gorffen y gwaith adeiladu. Y canlyniad oedd bod rhai drysau a thair neu bedair ffenestr yn eisiau. Doedd y lle tân ddim wedi ei orffen chwaith, a'r unig beth i'w wneud er mwyn cadw'n fyw tan y gwanwyn oedd mynd i'r gwely. Ni chredaf i Mari a finne erioed dreulio cymaint o oriau yn y gwely, a phrin iddi gydio mor dynn ynof cynt nac wedyn!

Yn rhyfedd iawn, er gwaetha'r holl oerfel, a'r gwynt yn chwyrlïo drwy'r tŷ, ni ddaliodd yr un o'r ddau ohonom nac annwyd na ffliw gydol y gaeaf, a hwyrach fod gwers yma hefyd na ddylem fyw fel blodyn dan wresogydd. Am ryw reswm byddai Roberts, yr adeiladydd, yn symud beunydd o un stafell i'r llall yn hytrach na gorffen un lle a symud ymlaen. Canlyniad hyn oedd dod adre'n aml ar ddiwedd prynhawn a gorfod wynebu mynydd o gerrig a phlastr ar ganol y llawr yn disgwyl am whilber – a finne – i'w clirio. Ambell dro gallaswn fod wedi hitio rhaw ar draws ei glust yn ddigon hapus, ond rhywfodd cefais nerth i ymatal.

Fel petai hyn ddim yn ddigon, deuthum adre un diwrnod a gweld Mari, gyda morthwyl a chŷn, yn tyllu'r wal uwchlaw rhyw grât fodern bitw yn yr hyn a fyddai'n stafell ffrynt. Gyda gwên ar ei hwyneb, cyhoeddodd iddi ddod ar draws rhyw drawst derw, a bellach doedd dim amdani ond torchi ein llewys a dechrau clirio'r plastr i ffwrdd. Y tu ôl i'r cyfan gwelsom hen fantell fawr a ffwrn wal, y cyfan erbyn hyn wedi ei lenwi â thua thri chant o frics. Ar ôl clirio'r rhain allan, gwelwyd y trawst yn ei gyfanrwydd. Ond o'r fath siom! Y tu ôl i'r trawst roedd tystiolaeth fod tân wedi digwydd yn y simdde rywbryd gyda'r canlyniad mai dim ond cragen denau o'r trawst oedd yn weddill. Nid oedd taw ar Mari, serch hynny. Roedd yr hen le tân i'w gadw, a bûm yn ddigon ffodus i ddod o hyd i hen drawst arall i lawr yn Ystrad Fflur gan Dai fy mrawd, wedi'i dynnu allan o ryw hen adeilad. O leiaf, gallwn ddweud wedyn fod darn o'r hen gartref ym Mhennal. Ac os na fu Owain Glyndŵr yn pwyso rywdro yn ei erbyn, roedd posibilrwydd fod Dafydd ap Gwilym wedi gwneud hynny wrth gyfarch rhyw dywysog neu'i gilydd.

Bu'r cyfan yn wers werth chweil, sef nad yw byw mewn adeilad a'i adnewyddu ddim yn cyd-fynd â bod mewn swydd amser llawn ar yr un pryd. Tyngais na wnawn hynny byth eto! Ond daeth y gwanwyn o'r diwedd. Ac fel petai popeth yn gwella gyda'i gilydd, gorffen y gwaith fu hanes Roberts, ac fe drawsnewidiwyd y tŷ yn gartref.

Wrth gwrs, yng nghanol hyn i gyd roedd gwaith yr ATB yn mynd yn ei flaen. A chyda thoriad y flwyddyn cawn fwy fyth o gyfrifoldeb, yn enwedig ym maes hyfforddiant defaid a ffermio mynydd. Bellach roedd pwyllgor bychan o bump hyfforddwr wedi ei sefydlu i ymdrin â hyfforddiant ac i ddatblygu ar gyfer yr adran ddefaid. Oherwydd bod dau o'r rhain yn dod o'r Alban ac un o ogledd Lloegr, penderfynwyd mai yng Nghaerloyw y byddem yn cyfarfod. Felly, fel rhyw fath o gadeirydd ar y grŵp, byddai galw arnaf i deithio i'r pwyllgorau hyn ac i gynnig ein syniadau i'r Bwrdd yn ôl yr angen. Rwy'n falch o ddweud fod nifer o'r syniadau hynny wedi cael eu derbyn ac yna eu datblygu yn gyrsiau a fu, yn ôl y sôn, o gryn gymorth i'r diwydiant yn ddiweddarach.

Bellach roedd Mari wedi setlo fel prifathrawes yn yr ysgol, a'r ddau ohonom yn falch o fanteisio ar bob cyfle i fod yn rhan o fywyd cymdeithasol y pentre. Sefydlwyd parti drama, a chafwyd peth wmbredd o hwyl yn perfformio mewn pentrefi cyfagos a hefyd yn cystadlu yma ac acw. Cafwyd eisteddfod bentre lwyddiannus am nifer o flynyddoedd gyda'r pentre'n cael ei rannu'n ddau, y ffordd fawr yn ffin rhwng y ddwy ran a'r rhannau hynny'n cystadlu yn erbyn ei gilydd. Gwelwyd y sioe lysiau'n ehangu i fod yn sioe bentre go iawn, a'r treialon cŵn defaid yn dod yn dreialon agored gan ddenu cystadleuwyr o bob rhan o'r wlad. Cyrhaeddwyd y pinacl wrth i'r treialon cenedlaethol gael eu cynnal ar gaeau Esgairweddan. Gydag ymdrech sylweddol codwyd miloedd o bunnoedd er mwyn sicrhau llwyddiant. Profodd pentre bach fod ganddo galon fawr.

Yn fuan ar ôl cyrraedd Pennal bûm yn ddigon ffodus i gael cyfarfod â Richard Rees, y baswr enwog, ac yn fwy ffodus fyth i ddod yn ffrindiau mawr ag ef. Wrth dreulio amser yn ei gwmni deuthum i sylweddoli ei fod yn berchen ar dalent aruthrol, nid yn unig fel canwr. Medrai hefyd actio ac adrodd, ac fel cyflwynydd stori roedd gyda'r mwyaf difyr a gafwyd erioed. Wrth edrych yn ôl heddiw, ar ôl ei golli, y mae rhywun yn fwyfwy ymwybodol o'r cysgodion mawr a daflwyd gan y dyn bach eiddil yma. Heddwch i'w lwch.

I rywun dieithr sy'n gyrru drwy Bennal, does fawr o hynodrwydd arbennig yn perthyn i'r lle, mae'n debyg. Ac eto mae'n gyforiog o hanes. Ceir yma gaer Rufeinig, eglwys hynod sydd wedi ei hamgylchynu â mur crwn, a chysylltiadau agos ag Owain Glyndŵr. O dan yr eglwys y claddwyd Lleucu Llwyd. Gwelir olion chwareli yma ac acw, ac mae'r pentre ei hun ar lan afon Dyfi – sydd â'i dyfroedd yn llifo allan i Fae Aberteifi yn Aberdyfi – gyda Chader Idris yn talsythu yn y cefndir. Tua hanner milltir i lawr y ffordd mae pentrefan o'r enw Cwrt, lle rydw i'n byw, ac yma hefyd, yn ôl y gwybodusion, oedd Cwrt Glyndŵr. Digon yw dweud, wrth i mi balu'r ardd dros y blynyddoedd, na ddeuthum ar draws unrhyw dystiolaeth a allai bontio'r blynyddoedd rhyngof ag Owain – na neb arall o bwys, o ran hynny.

Dros y blynyddoedd ym Mhennal, gallaf ddweud i mi deithio milltiroedd lawer, a hynny'n bennaf ar ran y Bwrdd Hyfforddi. Ac yn y cyswllt hwn y deuthum ar draws y broblem o fyw mewn pentref yn y gorllewin. Wrth gychwyn allan yn y bore mae rhywun yn teithio i gyfeiriad y dwyrain, ac o'r herwydd yn wynebu haul y bore. Yna, wrth ddychwelyd fin nos, rhaid syllu'n syth i lygad yr haul unwaith eto wrth iddo suddo yn y gorllewin.

Un o'r teithiau hynny nad oedd yn apelio fawr ddim ataf oedd honno i'r Ganolfan Amaethyddol yn Stoneleigh, lle byddwn yn mynd yn weddol reolaidd fel hyfforddwr. Pwrpas yr ymweliadau hyn oedd cynnal cyrsiau i grefftwyr profiadol ar y dulliau o ddysgu rhywun arall, a hynny mewn cyfnod byr o amser. Er mwyn gwneud hyn byddai dau ohonom yn hyfforddi, a'r naill a'r llall yn gorfod dysgu dwy sgìl yr un i'r crefftwr fel rhan o arddangos dulliau dysgu. Rhaid, felly, oedd gofalu bod yr offer pwrpasol ar gael er mwyn gwneud y gwaith yn effeithiol. O bryd i'w gilydd byddem yn newid y sgiliau er mwyn cyflwyno rhywbeth newydd i'r aelodau.

Un tro roeddwn yn dangos i'r grŵp sut oedd llunio magl o rawn ceffyl ar gyfer dal pysgodyn, a chan fod hyn yn rhywbeth newydd i'r grŵp dangosid diddordeb mawr. Beth bynnag, ar ganol y dysgu dyma Bennaeth y Ganolfan i mewn, ac wedi iddo weld beth oedd yn digwydd aeth yn ôl i'w swyddfa a'm galw i ymuno ag ef yno. Doedd hyn, meddai, ddim y peth iawn i'w wneud. Roedd yn gostwng safonau. Dywedodd wrtha i'n blaen nad dysgu darpar-botsieriaid oedd fy swyddogaeth. Cymerodd y sesiwn hyfforddi drosodd ond, chwarae teg i'r grŵp, aethant ar streic. Felly cefais fynd yn ôl, ond gyda'r gorchymyn i newid testun y sgiliau erbyn trannoeth. Ni fûm yn rhyw boblogaidd iawn ganddo wedyn, a thrwy lwc aeth y teithiau i Stoneleigh yn ddigwyddiadau llai aml.

Wrth ddychwelyd ar nos Wener byddwn yn ddi-ffael, bron, yn gorfod ymuno â'r rhesi ceir oedd yn chwydu allan o Birmingham. Yn aml iawn cawn fy nal yn ôl am awr neu fwy. Serch hynny, wrth feddwl am aeaf 1981/82, nid y rhesi ceir ond yr eira sy'n mynnu aros yn y cof. Un bore dydd Gwener, a finne yn Stoneleigh, dechreuodd bluo eira. Erbyn cinio roedd trwch sylweddol ar lawr. Dechreuodd nifer o aelodau'r cwrs golli diddordeb gan edrych yn ofidus drwy'r ffenestri. Awgrymais wrth y pennaeth ein bod ni'n cau pen y mwdwl yn gynnar er mwyn cychwyn am adre. Ond doedd dim yn tycio a bu'n rhaid dychwelyd i'r dosbarth.

Awr yn ddiweddarach dyma fi'n dweud wrth bawb am bacio'u bagiau ac anwybyddu'r Pennaeth. Ac i ffwrdd â ni. Erbyn i mi gyrraedd y draffordd, dim ond un lôn oedd yn agored, ac erbyn i mi gyrraedd Brownhills gwelais fod lorri fawr wedi gwyro ar draws y lôn. Cymerais yr unig ffordd oedd ar agor, sef yr un i'r chwith am Amwythig. Bu'n siwrne arswydus nes i mi, o'r diwedd, gyrraedd y Trallwng, a'r nos yn cyflym gau. Meddyliais am droi i mewn i'r Trallwng ac aros yno. Ond oherwydd bod cymaint o eira ar bob ochr i'r ffordd fe benderfynais fynd ymlaen am y Drenewydd. Yno eto roedd yr aradr eira, mae'n debyg, wedi taflu eira i fyny bob ochr i'r ffordd fel nad oedd gobaith gadael y ffordd fawr. Ymlaen â fi, felly, ac yng nghanol pentref Caersws llwyddais i adael y stryd a pharcio ar y pafin o dan goeden gelyn fawr. Wrth straffaglu i fyny'r ffordd roeddwn hyd fy nghanol mewn eira. Euthum i westy'r Uncorn, lle llwyddais i gael y stafell wag olaf i aros dros nos.

Erbyn amser swper sylweddolais fod tua dau ddwsin o bobl eraill yno, a nifer ohonynt wedi gorfod gadael eu ceir ar ganol y ffordd y tu allan i'r pentre. Y bore wedyn, wrth edrych drwy ffenest fy stafell wely, edrychai Caersws fel golygfa o'r Swistir. Yn fuan ar ôl brecwast cyrhaeddodd y plismon lleol. Ei neges oedd i bawb aros yno nes y câi'r ceir i gyd eu clirio oddi ar y ffordd fawr. Fodd bynnag, bûm wrthi yn ystod y bore yn symud yr eira oedd o gwmpas y car dan y goeden gelyn nes llwyddo i'w wthio'n ôl i ganol y ffordd.

Tua chanol dydd dyma fi'n gweld y plismon yn mynd am adre i gael ei ginio. Yn syth wedi iddo ddiflannu, cychwynnais i lawr y ffordd am Fachynlleth. Wrth i mi gyrraedd canolfan y Cyngor ym mhen draw'r pentre, beth oedd yn troi allan i fynd i'r union gyfeiriad â mi ond aradr eira. Dilynais hi, a hynny'r holl ffordd i Dalerddig, lle trodd i gyfeiriad arall. Trwy ryw ryfedd wyrth llwyddodd yr hen gar i fynd yr holl ffordd i Fachynlleth lle cefais drafferth unwaith eto i adael y ffordd fawr. Ond daliais ar gyfle i droi i mewn i gefn gwesty Owain Glyndŵr a pharcio yno. Cerddais adre tua'r Cwrt, bron at fy mogail mewn eira, a chyfarfod â Wil Rees, Caeceinach, oedd ar fin cychwyn clirio'r ffordd â'i jac codi baw. Cafodd Mari a'r plant gythraul o sioc wrth fy ngweld i'n cerdded i mewn! Ni wnaeth paned erioed flasu'n well. Roedd Mererid ar y pryd yn fyfyrwraig yn y Coleg yn Aberystwyth ac wedi methu â mynd yn ôl. Ond roedd hen bererin fel fi wedi crafangu'r holl ffordd o Stoneleigh, er i mi orfod teithio'r bum milltir olaf ar droed.

Yn hydref 1981 hysbyswyd fi fy mod i ar y rhestr fer ar gyfer ennill Ysgoloriaeth Churchill. Câi'r cyhoeddiad terfynol ei wneud y mis Ionawr canlynol yn Llundain, pan fyddai gofyn i mi ymddangos o flaen y panel. Ond wrth i mi godi y bore cyn y cyfweliad, gwelais fod trwch o eira ar lawr a'r dyn tywydd yn darogan rhagor. Gelwais yr ysgrifenyddes yn Llundain a dweud wrthi am y trafferthion teithio, ond i ddim pwrpas. Dywedodd wrtha i'n ddiflewyn-ar-dafod y byddai'r cyfweliadau'n mynd yn eu blaen ac mai fy lle i oedd bod yn bresennol.

Es ati i wneud ymholiadau, a deall fod bws yn teithio o Gas-gwent ac yn cyrraedd Gorsaf Fictoria yn Llundain mewn da bryd ar gyfer amser y cyfweliad. Cychwynnais, felly, ddiwrnod yn gynharach yn y car; ar ôl cryn drafferth, llwyddais i gyrraedd o fewn milltir i'r orsaf fysys, lle'r oedd gwesty ar fin y ffordd lle gallwn aros dros nos. Dywedais wrth yr dderbynwraig wrth y ddesg y byddai angen i mi ddal y bws am chwech o'r gloch y bore. Bu honno'n ddigon caredig i baratoi pecyn brecwast i mi i'w fwyta ar y bws, a dangosodd i mi ddrws a arweiniai allan at y maes parcio gyda dim ond un bollt i'w agor o'r tu mewn.

Codais mewn da bryd, a chyda phopeth yn y bag dyma gripian i lawr yn y tywyllwch rhag i mi ddihuno neb.

Rhaid fy mod i hanner y ffordd i lawr y grisiau pan sylweddolais fod rhywun – neu rywbeth – yn fy nilyn. Teimlwn y blew ar fy ngwar yn dechrau codi. Ar waelod y grisiau roedd ffenest, gyda golau'r lloer yn taflu rhyw wawl i mewn. Trois yn fy ôl a gwelais gi Alsatian yn fy nilyn. Doedd dim dewis ond mynd yn fy mlaen. Drwy lwc, llithrodd bollt y drws yn hawdd ar y cynnig cyntaf. Wrth i'r drws gau'n glep clywais sŵn wrth i gorff y ci daro'n ei erbyn. Bedwar cam arall, heb i'm traed brin gyffwrdd y llawr, roeddwn yn fy nghar – ond bron iawn yn rhy wan i droi'r allwedd. Er i mi ddal y bws, chofia i fawr ddim am y daith. Ond cofiaf hyd heddiw lais y gyrrwr tacsi yn fy holi: 'Where to, mate?' Ac yna cerdded i mewn i'r adeilad priodol gyda dim ond pum munud i'w sbario.

Roedd pum aelod ar y panel, a Mary Soames, merch Winston Churchill, yn y Gadair. Drwy lwc llwyddais i gael y panel i chwerthin mewn ymateb i'r cwestiwn cyntaf, a bron iawn cyn i mi wybod roedd y cyfweliad ar ben.

Er gwaetha'r eira, llwyddodd y bws a'r hen gar i'm cludo'n ôl i Bennal. Ychydig ddyddiau'n ddiweddarach, sef ar yr wythfed ar hugain o Ionawr 1982, daeth y newydd fy mod i wedi ennill Ysgoloriaeth Churchill – gyda rhybudd y byddai'n rhaid i mi ei gweithredu cyn diwedd y flwyddyn honno.

Ysgoloriaeth Churchill

Daeth Ysgoloriaeth Churchill i fodolaeth yn dilyn marwolaeth y gwleidydd mawr. Y bwriad oedd cynnig cyfle i bobl o bob oed deithio, gan ddilyn rhaglen arbennig er mwyn hyrwyddo eu bywoliaeth a'u profiadau eu hunain, ac er budd i eraill. Gofynnai'r ffurflen gais am amlinelliad cymharol fanwl o gynnwys a diben y rhaglen, sut y bwriedid ei gweithredu, a'r camau tebygol ar gyfer cyfweliadau ac ymweliadau â chanolfannau er mwyn hyrwyddo'r gwaith. Deuai costau'r fenter o gronfa'r ysgoloriaethau, ac yn y cais roedd angen rhoi amcangyfrif o'r cyllid tebygol y byddai ei angen.

Ar ddiwedd y teithio roedd gofyn i'r ymgeisydd llwyddiannus ysgrifennu adroddiad manwl yn cofnodi'r cyfan, yn arbennig ar faterion a allai fod o fudd i gymdeithasau yn ôl gartref. Byddai angen i bob ymgeisydd fod yn barod i fynd o gwmpas i annerch grwpiau fyddai â diddordeb mewn clywed a thrin a thrafod yr wybodaeth a ddeilliai o'r teithio.

Fel un a anwyd ac a fagwyd mewn ardal fynyddig, dewisais fel testun broblemau'r ffermwr mynydd, gan ddewis Norwy, y Swistir ac Awstria fel y prif wledydd i ymweld â nhw. Dim ond y cam cyntaf oedd ennill yr ysgoloriaeth. Rhaid nawr oedd mynd ati i drefnu ar gyfer y math o bobol roeddwn i am eu cyfarfod a'u cyfweld, a'r canolfannau y tybiwn y byddai'n werth i mi ymweld â nhw. Roedd disgwyl i'r enillydd wneud hyn gan mai prif nod yr ysgoloriaeth oedd sefydlu annibyniaeth a chreu antur ar gyfer yr unigolyn.

Yn ffodus iawn, wrth i mi gychwyn ar y gwaith, dechreuodd pethe ddisgyn yn rhyfeddol i'w lle, a hynny ar unwaith. Wrth ddod adre o'r gwaith y noson wedi cyhoeddi enwau'r enillwyr, cyfarfûm â Bruce McKay, ffermwr oedd yn byw ger Pennal, a hwnnw wrth iddo fy llongyfarch yn rhoi i mi enw undebwr amaethyddol o Norwy, rhywun yr oedd yn ei adnabod yn dda ac wedi gweithio iddo ar un adeg. Yna, awr yn ddiweddarach wrth i mi bori drwy'r Farmers' Weekly, darllenais adroddiad ar arwerthiant gwartheg Aberdeen yn yr Alban, lle'r oedd Saesnes a oedd bellach yn ffermio yn Norwy wedi bod draw yn prynu gwartheg. Drwy gysylltu â'r ddau yma cefais enwau eraill, a chyn pen dim roedd y rhaglen ar gyfer Norwy'n llawn. Trwy bori drwy'r papurau dyddiol, a holi hwn a'r llall, buan y daeth rhaglenni'r Swistir ac Awstria i fwcl hefyd. Yna'r mater olaf, sef trefnu i gael cyfieithydd ar y ffermydd pan fyddai angen hynny.

Erbyn canol mis Ebrill roedd popeth yn ei le, a chwarae teg i'r Bwrdd Hyfforddi Amaethyddol, cefais ganiatâd ar unwaith i gael fy rhyddhau o'm gwaith am ddeng wythnos. Cychwynnais ar y degfed o Fai 1982 a chyrraedd Norwy pan oedd yna lawer o eira yn dal o gwmpas, yn enwedig yn yr ardal fynyddig. Doedd yr un fuwch na dafad wedi eu troi allan o'r adeiladau. Ond O! y fath ryfeddod! O fewn wythnos roedd yr eira wedi clirio a'r borfa a'r blodau gwyllt yn saethu o'r pridd. A dyna olygfa oedd gweld y gwartheg yn cael eu troi allan ar ôl bod dan do ers y mis Medi blaenorol. Wrth eu gweld nhw'n carlamu, atgoffent fi o gychwyn ras y Grand National. A'r defaid wedyn yn cael eu troi allan i'r goedwig gyda chloch am wddf pob un. Fe ddaeth sŵn eu clychau'n gyfarwydd iawn i mi wrth iddynt gerdded eu llwybrau fin nos.

Dysgais wers yn gynnar iawn yn Norwy, pan fûm yn ddigon ffôl un noson, ar ôl trefnu i gyfarfod â phump o ffermwyr mewn gwesty, i fynd at y bar a chynnig prynu diod i bob un. Pan ddaeth hi'n amser talu, credais mod i wedi prynu'r lle! Wyddwn i ddim tan hynny mai un o fesurau'r Llywodraeth – er mwyn cwtogi ar arferion yfed y trigolion – oedd codi pris uchel am ddiodydd. Ar un adeg roedd problem yfed yn Norwy yn un ddifrifol iawn, yn enwedig yn y gaeaf pan nad oedd ond tua dwy awr o olau dydd. Do, fe ddysgais innau'n fuan iawn i beidio â bod mor fyrbwyll. Dysgais hefyd fod Norwy'n wlad lân iawn lle na fyddai neb yn breuddwydio am luchio papur nac unrhyw sothach ar lawr.

Oherwydd y problemau iaith a'r teithio sylweddol oedd yn angenrheidiol er mwyn i mi allu cyfweld cynifer o bobl â phosibl, cariwn babell fechan gyda mi yng nghist y car. Golygai hyn y medrwn, unwaith y byddwn wedi gorffen un ymweliad, symud ymlaen ar unwaith, chwilio am le addas ar gyfer trannoeth a gosod pabell mor agos at y man hwnnw ag y gallwn. Roedd hyn yn gweithio'n dda ond yn codi un anhawster, a hynny bron iawn bob bore. Wedi i mi godi byddwn yn anelu am westy er mwyn cael brecwast, ac yn aml iawn i chwilio am stafell ymolchi lle medrwn ymolch a siafio. Ond pan awn at y ddesg i dalu, byddai'r weinyddes yn gofyn am rif fy stafell. Gan nad oeddwn wedi llogi un, byddai setlo yn medru bod yn gythreulig o anodd weithiau. Heddiw, wrth edrych yn ôl, buasai wedi bod lawer yn haws petawn wedi trefnu i'r cyfieithydd gyfarfod â mi mewn gwesty yn y bore yn hytrach nag ar ryw ffarm neu ganolfan lle byddai gen i gyfweliad. Dysgu mae rhywun o hyd. Ie, Dai Cornwal oedd yn iawn pan ddywedodd: 'Y diwrnod pan na fyddi di'n dysgu dim, fe fyddi di'n cael dy gladdu'.

Dysgais wers arall cyn gadael Norwy, a hynny ar fy ail nos Sul yno pan dorrodd y tywydd a chafwyd diwrnod cyfan o law a gwynt. Wrth weld nad oedd y storm am ostegu, dyma benderfynu peidio â symud ymlaen at y ffarm nesaf tan fore dydd Llun, yn enwedig gan mai hon oedd fferm y Saesnes fu'n prynu gwartheg yn yr Alban, a hithau wedi gadael gwybodaeth fanwl ar sut i gyrraedd y fferm. Chwiliais am westy am y nos gan na theimlwn awydd treulio noson mor wlyb yn y babell, a dod o hyd i westy bychan ger coedwig fawr. O'r tu allan edrychai'r gwesty'n ddigon derbyniol, ond doedd o ddim cystal o'r tu mewn. Beth bynnag, archebais stafell, ond o weld y perchennog yn ymddangos teimlwn braidd yn anhapus. Roedd yn ddyn blêr yr olwg, yn annhebyg iawn i weddill pobl y wlad, a phan ymddangosodd ei wraig yn ddiweddarach, doedd honno fawr gwell.

Cefais swper eitha da, ond erbyn hyn roedd nifer o gymeriadau eraill reit amheus yr olwg wedi ymddangos. Euthum fyny i'm stafell a chloi'r drws. Gosodais gadair yn erbyn bwlyn y drws a gosod fy waled a'm pasport o dan y gobennydd. Doedd y gwely ddim yn rhyw esmwyth iawn, ond cyn hir cwympais i gysgu. Yn y bore roedd y gadair yn dal yn ei lle. Codais a chael brecwast da. Yna, wedi i mi dalu, codais y bag a hel am y car a ffwrdd â fi, yn reit ffyddiog fy mod yn gwybod pa ffordd i fynd. O fewn hanner milltir roedd arwydd yn nodi fod y ffordd ynghau. Yna arwydd arall yn fy nghyfeirio drwy'r goedwig. Wedi i mi deithio tua phum milltir i mewn i'r goedwig sylwais fod cloc tanwydd y car yn dangos fod y tanc yn wag. A chyn i mi bron sylweddoli hynny, stopiodd y car.

Rhedai'r ffordd tuag i lawr, felly gadewais i'r car fynd dan ei bwysau ei hun nes, yn sydyn, gwawriodd rhywbeth arall arnaf. Roedd y waled a'r pasport yn dal o dan y gobennydd yn y gwesty. Fedrwn i ddim troi'n ôl, felly gadewais i'r car redeg yn ei flaen. Fedra i ddim cofio i mi deimlo mor isel erioed – roeddwn mewn gwlad ddieithr heb nac arian na phetrol na phasport. Rhedodd y car yn ei flaen am ddwy neu dair milltir nes i mi, yn sydyn, ddod allan o'r coed a gweld y briffordd yn ymestyn o'm blaen tua milltir i ffwrdd. Teimlwn yn well. Ond gwae fi! Wrth i mi nesáu at y briffordd sylwais fod bois yr hewl wedi torri cwter ddofn ar draws. Sefais gerllaw a gweld y gweithwyr yn yfed te gan wenu'n braf. Arhosais nes iddynt orffen, a chwarae teg iddynt, fe osodwyd dwy astell lydan ar draws y gwter gan ganiatáu i'r car redeg drostynt.

Roedd lwc o'm plaid. Rhedodd y car yn ei flaen ar hyd y briffordd, a hynny am tua phum milltir, sef yr holl ffordd at gartre'r wraig yr oeddwn i ymweld â hi. Adroddais fy stori wrthi gan deimlo'n dipyn o gachgi. Fodd bynnag, pan ffoniwyd y gwesty dyma ddeall fod gwraig y lle wedi dod o hyd i'r cyfan o dan y gobennydd ac wedi hysbysu'r heddlu. Ie, gwir yr hen ddywediad nad wrth ei big y mae prynu cyffylog. Teimlwn yn ddig am i mi gamfarnu pobl y llety, yn enwedig o gofio'r croeso a dderbyniwn ar draws y wlad.

Cefais lawer o hwyl gyda'r nos, yn enwedig gan ei bod hi'n olau am bron i bedair awr ar hugain, wrth agor y babell a gweld ceirw anferth yn neidio i mewn i'r caeau ŷd, ac wedyn – o weld y ffermwyr yn dod i'w hymlid – yn neidio'n ôl dros y cloddiau i'r goedwig. Wrth edrych yn ôl gallaf ddweud i mi dderbyn croeso tywysogaidd, heb sôn am weld golygfeydd gogoneddus. Buaswn yn falch o gael dychwelyd rhyw ddydd. Un olygfa a erys am byth yw honno o adeilad hir yn llawn llwynogod lliw arian, a'r llwynogod yn cael eu cadw yno er mwyn eu crwyn prydferth. Bellach mae'r ffasiwn honno o wisgo ffwr llwynogod arian wedi diflannu, a gobeithio bod rhai o'r creaduriaid hardd hynny i'w gweld yn rhedeg yn rhydd bellach yn y coedwigoedd.

Daeth y daith ar draws Norwy i ben yn rhy fuan o lawer; rhaid oedd croesi o dde'r wlad i Ddenmarc, a hynny ar bnawn Sadwrn gwlyb a gwyntog. Bu'r llong yn dawnsio fel rhywbeth meddw ar y tonnau ac erbyn glanio teimlwn fel clwtyn llestri. Doedd cyrraedd tir ddim yn rhyw lawer gwell, ond cyn hir llwyddais i ddod o hyd i westy ac aros yno dros nos. Y bore wedyn, gyda'r haul yn disgleirio, teithiais ymlaen nes cyrraedd fferm ffrindiau i mi. Cefais ginio a chlonc yno cyn mynd ymlaen am yr Almaen, gan fod yn ymwybodol o'r ffaith fod gen i ymweliad ganol dydd trannoeth yn Awstria.

Llwyddais i gyrraedd mewn pryd wrth ddrws swyddfeydd yr Adran Amaeth, lle cefais y profiad

rhyfedd o weld bod pob aelod o'r staff mewn cotiau
gwynion. Fel y symudem ymlaen ar hyd yr adeilad, a dod
at ddrws a arweiniai o un stafell i'r llall, byddai hwnnw'n
cael ei ddatgloi ac yna'i gloi eilwaith cyn symud ymlaen
unwaith eto. Peth arall annisgwyl oedd i'r person oedd
yn trafod amaethyddiaeth gyda mi ymadael am un o'r
gloch ac un arall yn cymryd ei le. Ni chefais gynnig
paned na'r un briwsionyn i'w fwyta er i mi fod yno am
dair awr a hanner.

Ond gwahanol iawn fu pethe trannoeth pan oeddwn
yn Salzburg yn cyfarfod â Dr Holtz, Ysgrifennydd y
Gwartheg Pinzgauer. Yno cefais groeso mawr a phryd o
fwyd anferth i'w fwyta. Yn wir, doedd dim yn ormod
iddo, a chyn i mi ei adael cefais ganddo enwau a
chyfeiriadau nifer o ffermwyr ac arbenigwyr y byddai'n
werth i mi ymweld â nhw. Ymhlith y rhain roedd
ffermwr a'i wraig ymhell dros eu pedwar ugain oed, ac
yntau'n un o arweinyddion y gymdeithas amaethyddol
yn ei ardal. Un bore euthum i'w gartref gyda
chyfieithydd. Roedd yr haul yn tywynnu a phawb, bron,
wrth y cynhaeaf gwair. Wrth i mi gyrraedd y tŷ daeth ei
wraig i gwrdd â mi yn gwisgo dillad duon, llaes gyda
phladur ar ei hysgwydd, a hithau ar ei ffordd i ladd gwair
ar lethr serth. Roedd ei gŵr yn disgwyl amdanom ar y
buarth.

Dywedodd y cyfieithydd wrthyf, cyn dod allan o'r car,
petai'r gŵr hwn yn cymryd ataf y deuwn i wybod
hynny'n reit fuan gan y byddai'n nôl potel o Schnapps
o'r seler. A phe digwyddai hynny, yna gwell fyddai iddo
ef, y cyfieithydd, yrru'n ôl. Dyna'n union beth
ddigwyddodd, a chafwyd bore difyr iawn. Digon yw

dweud na wnes i ddim mwy o waith y pnawn hwnnw, a go brin iddo ef fynd ati i helpu'i wraig gyda'r gwair chwaith.

Arferiad ffermwyr Awstria oedd estyn gwahoddiad i chi ymweld â nhw cyn brecwast ac yna cael trafodaeth dros fwyd. Nid oeddwn yn rhy hoff o hyn gan mai'r brecwast gan amlaf oedd darn mawr o fara sych, darn cyffelyb o gig mochyn wedi'i fygu (â gwaith torri a chnoi arno) a gwydryn bach o Schnapps. Roedd gan bob fferm drwydded i fragu'r ddiod, a hwnnw â chic fel mul. Dysgais yn fuan i beidio â bwyta'r cig yn rhy fuan neu fe fyddai sleisen arall yn disgyn ar y plât.

Cefais brofiad rhyfedd iawn un bore wrth chwilio am swyddfeydd yn Fienna, a minnau am ryw reswm yn methu'n lân â chael hyd i'r stryd. Penderfynais ofyn i'r person nesaf a welwn, beth bynnag fyddai'i iaith. Ac ie, Cymro oedd hwnnw! Yn well fyth roedd e'n gweithio yn yr adeilad yr oeddwn yn chwilio amdano. O gael hyd i'r person yr oeddwn wedi trefnu i'w gyfarfod, cefais sioc arall pan aeth â mi i'r Coleg Amaethyddol. Roedd wedi trefnu i mi siarad â'r myfyrwyr am awr o amser. Ni fu'r un awr mor hir, a medrwn fod wedi estyn cic i ben-ôl y dyn yn reit hapus. Serch hynny, cefais ginio gwerth chweil yn y Coleg a chyfle i gael tipyn o wybodaeth allan o'r athrawon yr un pryd.

Ar y pnawn Sul olaf cyn i mi symud ymlaen i'r Swistir roeddwn yn cicio fy sodlau, a chan fy mod i ar fy mhen fy hun euthum i grwydro'r mynyddoedd. Ar ôl cerdded am rai oriau, heb i mi sylweddoli hynny, roeddwn i fyny uwchlaw'r pentre lle gadewais y car, a'r unig lwybr cwta'n ôl oedd ar draws darn helaeth o eira ar lethr gweddol serth. Fel ffŵl gwirion, dyma ddechrau croesi'r eira yn fy sgidiau ysgafn. Roedd hi'n reit hawdd i gychwyn, ond yn sydyn sylweddolais fod yr eira'n meirioli ar hyd yr ochr, er yn dal yn galed a llithrig fel gwydr yn y canol. Fedrwn i ddim mynd yn ôl nac ymlaen a'r unig ateb, hyd y gwelwn i, oedd eistedd ar fy mhen-ôl a llithro i lawr. A dyna wnes i. Wedi mynd tua chanllath, teimlwn fy mhen-ôl fel petai ar dân, a bellach ni fedrwn stopio nes cyrraedd, o'r diwedd, borfa werdd. Pan godais gwelwn fod tin fy nhrowser wedi treulio i ffwrdd a'm pen-ôl wedi mynd mor goch ag wyneb meddwyn. Rywfodd neu'i gilydd llwyddais i gyrraedd y car a gyrru'n ôl i'r ganolfan wersylla, lle'r own i wedi codi'r babell. Ar ôl newid trowser, cerddais yn ara bach at geidwad y gwersyll ac adrodd wrtho beth oedd wedi digwydd. Chwarae teg iddo, rhoddodd ryw eli i mi. Wedi i mi iro fy mhen-ôl ac eistedd ar glustog drwchus i yfed pedair potelaid o gwrw, llwyddais i gerdded ychydig yn fwy esmwyth.

Drannoeth ffarweliais ag Awstria a chyfeirio ar draws gogledd yr Eidal cyn troi'n ôl am y Swistir ac ailgydio yn y gwaith. Roedd hyn yn y cyfnod cyn i ffiniau gwledydd Ewrop lacio, ac felly rhaid oedd aros ac arddangos y ddogfen angenrheidiol cyn cael mynediad i bob un o'r gwledydd. Rhaid fy mod i wedi bod braidd yn araf wrth y fynedfa i'r Eidal y bore hwnnw, gan i un o'r gwarchod-wyr dynnu dryll allan a'i anelu ataf gyda golwg reit sarrug ar ei wyneb. Ni fûm fawr o dro cyn cael hyd i'r ddogfen, ac wedi cael caniatâd i barhau, i ffwrdd â mi lawr y ffordd fel cath i gythraul. Enghraifft arall, mae'n debyg, o rywun oedd wedi credu ei fod yn hen law ar deithio ac ychydig yn hunanbwysig. Beth bynnag, mwynheais ddeuddydd hyfryd yng ngogledd yr Eidal a chyfle i sipian ambell botel o win cyn troi am y Swistir ac at ragor o waith.

Cyn gadael cartre roeddwn wedi bod yn ddigon ffodus i gysylltu â theulu oedd yn cadw cobiau Cymreig yn y wlad, a gwahoddwyd fi i aros gyda nhw am ddwy noson. Yno, felly, yr euthum yn gyntaf a bûm yn ffodus o wneud hynny gan i wraig y teulu fy rhoi mewn cysylltiad â nifer o unigolion a chymdeithasau y medrwn eu gweld yn ystod fy arhosiad.

Wedi brecwast ar yr ail fore, trefnwyd i mi ymweld â swyddogion Undeb Amaethyddol y wlad a chael mab y fferm i'm gyrru yno. Cyn i mi fynd i mewn i'r cerbyd ni wyddwn ei fod yn yrrwr rali, a chyn pen dim roeddwn yn cael fy ngyrru rownd corneli, a physt ffôn yn fflachio heibio fel dannedd crib gwallt. Gwelwn wrth ei wyneb ei fod yn mwynhau ei hun ac yn mynd allan o'i ffordd o godi dychryn arna i. Felly, yn hytrach nag ymateb mewn ffordd blentynnaidd, dechreuais edrych o gwmpas a sôn wrtho am hyn neu'r llall gan gymryd arnaf fod yn hamddenol. Fe weithiodd hyn, a gostegodd y cyflymdra ryw ychydig – er bod fy mrecwast yn nes at fy ngheg nag at fy stumog. Trwy lwc, sgrialodd y car i stop wrth ddrws rhyw adeilad mawr a llwyddais, rywfodd, i gerdded i mewn. Ni fu'r daith yn ôl fawr gwell ac roeddwn, drannoeth, yn falch o gael gyrru fy hun, yn enwedig gan fy mod i bellach wedi hen gyfarwyddo â gyrru ar yr ochr dde i'r ffordd.

Un o'r sustemau a fodolai yn y Swistir oedd un yr Hafod a'r Hendre, gyda'r gwartheg oll i fyny ar y

mynyddoedd yn ystod misoedd yr haf. O'r herwydd, gallai'r ffermwyr ddefnyddio llawr gwlad at hel cynhaeaf at y gaeaf, y mwyafrif ohonynt yn torri gwair deirgwaith o ganlyniad i ddyfrio a gwrteithio'r tir. Cefais fy hun un dydd yng nghwmni hen ŵr a oedd bron yn naw deg oed, a hwnnw â gofal dros bedwar ugain o war
theg ar y mynydd dros yr haf. Er na fedrai'r naill ohonom ddeall iaith y llall, bu'n amser difyr a dysgais lawer yn ei gwmni. Roedd hi'n reit hawdd mynd ar sgowt i ben y mynydd fin nos gan ddefnyddio'r offer oedd yn cario silwair i fyny yn ystod y gaeaf. Hyd yn oed ganol haf, roedd trwch o eira'n dal ar ambell fynydd a'r tymheredd yn wahanol iawn i'r hyn a geid ar waelod y dyffryn.

Un noson, a minne wedi mynd i fyny i fwynhau'r olygfa, cyrhaeddodd criw o ferched yn llusgo paciau trymion. Gwelais mai crog-hedfan ar strem y gwynt oedd y bwriad, gyda phob un yn ei thro yn neidio o erchwyn y graig ar ddwy adain fregus a grogai uwch eu pennau. Ni fedrwn ond eu hedmygu. Yn rhyfedd iawn, clywais acen Gymreig ymhlith eu cleber a darganfod fod un ohonynt yn dod o Aberystwyth. Er mor uffernol oedd bod yng nghwmni'r gyrrwr rali gwallgof rai dyddiau'n gynharach, teimlwn fod hynny'n fil gwaith gwell na neidio i'r gwagle islaw ar adenydd a oedd bron mor denau â bocsys matsys.

Hyd yn oed yn 1982 roedd ffermwyr yn arallgyfeirio, gyda nifer o ffermwyr ifanc yn dilyn cyrsiau coginio a throi beudái'n dai bwyta. Ar yr adeg honno roedd yn beth poblogaidd i deithio allan o'r trefi i fwyta yng nghanol y mynyddoedd liw nos, ac roedd safon y bwyd a baratoid yn eithriadol o uchel. Cyn i mi sylweddoli, bron, cyrhaeddodd fy ymweliad olaf, a rhaid fu gadael y Swistir a theithio'n ôl drwy Ffrainc, croesi i Loegr a throi llyw'r car am Gymru. Bûm i ffwrdd am ddeng wythnos, ac yn sicr bu'n brofiad na wnaf fyth mo'i anghofio.

Wedi ailgydio ym mhethau adre a dechrau dal i fyny â'r gwaith, rhaid oedd mynd ati i baratoi adroddiad manwl. Bûm wrthi drwy'r hydref a'r gaeaf canlynol mewn cyfarfodydd amaethyddol yn adrodd am fy mhrofiadau gyda gwahanol sustemau o amaethu. Hyd heddiw byddaf yn cofio am y nosweithiau tawel hynny a dreuliais mewn pabell o dan y sêr. Cerddwn allan ambell noson heb unrhyw sŵn ond tincial cloch dafad neu fuwch yn torri ar y tawelwch. Neu, fel y digwyddodd ddwywaith, sŵn storm yn torri yn y mynyddoedd a gorfod ei heglu hi'n ôl am y babell. Un noson bu'r mellt cynddrwg fel y bu'n rhaid i mi gysgu yn y car a gweld, yn y bore, fod y babell yn ddim ond sypyn fflat, gwlyb ar y ddaear.

Bu'r croeso o'r dechrau i'r diwedd yn wresog, a llawer o'r bobl y cwrddais â nhw yn dal yn ffrindiau hyd heddiw. Yn sicr, dyma un o'r ysgoloriaethau gorau a grëwyd erioed. Ac yn eisin ar y gacen i Gardi, roedd yn gyfle i deithio'n rhad ac am ddim. Cofiwch, serch hynny, fel ym mhopeth arall mewn bywyd, y mwyaf a roddwch i mewn, y mwyaf hefyd a gewch allan.

Dyrchafiad

Ar droad yr wythdegau daeth dyrchafiad i'm rhan, a chefais y teitl mawreddog o Uwch-Swyddog Cymru y Bwrdd Hyfforddi Amaethyddol. A thrwy lwc, gan fod Machynlleth yn agos at ganol Cymru, medrais gynnal y swydd o'r un swyddfa. Bellach, yn hytrach na bod â gofal dros un swyddfa bu'n rhaid teithio i Borthmadog, Llangefni, Llanelwy, Caerfyrddin a'r Fenni. Allan o'r canolfannau hyn y byddai'r Swyddogion Rhanbarthol yn gweithio, y rhain i gyd yn staff llawn amser gyda'r rhan fwyaf yn brofiadol yn y gwaith.

Fel Swyddog Cymru roedd hi'n ofynnol i mi weinyddu ar y Pwyllgor Cymreig a fyddai'n cyfarfod gan amlaf rhyw deirgwaith y flwyddyn. Yn ystod fy nheyrnasiad bûm yn ddigon ffodus i gael dau Gadeirydd profiadol, a hynny'n gwneud y gwaith gymaint yn fwy hwylus. Dros y blynyddoedd cyntaf cefais Meuric Rees o Dywyn, sir Feirionnydd, ac i'w ddilyn Dafydd Roberts o Bentraeth, Ynys Môn. Cynhelid y mwyafrif o'r pwyllgorau ar Faes y Sioe yn Llanelwedd, a llwyddais i gael caniatâd y Sioe i adeiladu swyddfa yno mewn safle ganolog rhwng y Weinyddiaeth Amaeth ac adeilad y BBC. Rai blynyddoedd yn ddiweddarach, drwy gydweithrediad Glyn Davies, Cadeirydd Bwrdd Datblygu'r Canolbarth, cafwyd estyniad i'r adeilad, a phrofodd hwnnw i fod yn fantais fawr i'r ddau gorff. Y tu allan i gyfnod y Sioe medrem ni fel Bwrdd Hyfforddi ddefnyddio'r stafelloedd ychwanegol at gynnal hyfforddiant, ac yn ystod y Sioe byddai'r rhan yma o'r adeilad yn ganolfan i Fwrdd Datblygu'r Canolbarth ar gyfer cyfarfod â'r cyhoedd.

Er bod rhywun yn teimlo'n falch o gael dyrchafiad fel cydnabyddiaeth am gyfnod o waith (ac i Gardi roedd y pres ychwanegol yn dderbyniol dros ben), eto i gyd golygai ymbellhau oddi wrth y ffermwyr. Ni chawn lawer o gyfle bellach i ymweld â ffermydd, cwrdd â chymeriadau a dioddef ambell dro trwstan. Treuliwn oriau lawer yn teithio, a mwy nag unwaith gweld y golau glas yn dynesu o'r tu ôl i mi pan fyddwn yn ymestyn y rheolau cyflymdra.

Roedd gwanwyn 1983 yn gyfnod reit drist. Bu farw Nhad yn sydyn. Rown i wedi bod yn sgwrsio ag ef ar y ffôn tua phump o'r gloch yn y prynhawn ac ychydig oriau'n ddiweddarach hysbyswyd fi ei fod wedi marw. Teimlwn fod angor gref a oedd wedi fy nghynnal wrth y gorffennol wedi ei rhwygo ymaith. Cawsom brofiad rhyfedd iawn ar ddydd ei angladd pan ddaeth yr hen geffyl glas (ei ffefryn mawr) yn ôl at y tŷ dros y cloddiau a dilyn y corff at lidiart y fynwent. Peidied neb â dweud nad yw creadur yn medru teimlo colled.

Dair blynedd yn ddiweddarach, ym 1986, daeth y cyfle i brynu pedwar cae ym Mhennal. A dyma gyfle hefyd i fod yn dyddynnwr, lle medrwn gadw defaid, cŵn a cheffyl neu ddau. Erbyn heddiw gallaf ddeall yn berffaith yr hyn oedd gan Nhad mewn golwg pan ddywedodd wrtha i unwaith: 'Mae ceffyl yr un fath â dynes – yn brydferth, ond yn uffernol o ddrud i'w

141

chadw.' Er hynny, tra mod i'n medru cerdded at lidiart y cae, fe fydd gen i geffyl yno.

Ar y cychwyn doedd gen i'r un adeilad ar y caeau. Awn ati i adeiladu corlannau bychain allan o fyrnau o wellt gyda tharpolin drostynt er mwyn cysgodi ŵyn bach gwan. Ni pharhaodd yr arferiad hwn yn hir cyn i ffrindiau i mi oedd yn ffermio'n lleol, sef Evan, Hywel ac Olwern, ddweud: 'Dos i nôl y defnyddiau ac fe wnawn ni adeiladu sied i ti.' Ac felly y bu. Ie, cymdogaeth cefn gwlad ar ei gorau.

Er cymaint y mwynhad o fod yn ffermwr rhan-amser unwaith eto, nid oedd yn fêl i gyd, yn enwedig adeg wyna. Rhaid fyddai codi'n fore cyn mynd i'r gwaith ac yn aml iawn byddwn yn mynd i fyny i'r sied ymhell wedi hanner nos ar ôl dod adre o bwyllgorau. Serch hynny, roedd yn fodd i anghofio am broblemau gwaith bob dydd, ac ambell gi ifanc wrth i mi ei ddysgu yn dod â gwên o foddhad i'r wyneb.

Buan iawn y daeth 1988, a'r Bwrdd yn awyddus i ddathlu ugain mlwyddiant sefydlu hyfforddiant allan ar y ffermydd, a hyn i fod yn ddathliad unigol ym mhob un o wledydd Prydain. Yn un o bwyllgorau Cymru, dyma ryw aelod neu'i gilydd yn cynnig ein bod ni'n estyn gwahoddiad i Dywysog Cymru i ddod i agor y diwrnod. Ar ôl siarad â'r swyddog oedd yn gweithio allan o swyddfa'r Fenni, dyma ddeall bod y Tywysog yn berchen ar fferm ar Benrhyn Gŵyr, lle'r oedd yn ffermio mewn partneriaeth â ffermwr ifanc. Penderfynwyd, felly, ofyn iddo nid yn unig i agor y diwrnod ond hefyd i fenthyca'i fferm i ni am y dydd. Gofynnwyd iddo am ddyddiadau addas. Cyn pen dim daeth ateb yn ôl yn cynnig dyddiad ac yn caniatáu i ni ddefnyddio'r fferm ac i gysylltu â'i bartner ar y fferm ynglŷn â'r paratoadau.

Roeddem yn awyddus i arddangos y croestoriad ehangaf posibl o gyrsiau, a chan mai fferm rawn a llysiau oedd hon, rhaid fyddai symud gwartheg, rhan o berth a llwyth o gerrig i mewn i'r fferm ar gyfer y digwyddiad. Yn dilyn trafodaeth penderfynwyd y byddai nifer o staff Cymru yn helpu gyda'r paratoadau. Bu'n rhaid cloddio ar draws y ffordd mewn un man er mwyn cael gwifren drydan i mewn i adeilad rhag ofn iddi fwrw glaw yn ystod yr agoriad swyddogol. Cyrhaeddodd pedwar o staff y Bwrdd Trydan i wneud y gwaith. Erbyn chwech o'r gloch y noson cynt edrychai popeth yn berffaith. Roeddem ar fin gadael pan glywsom gorn car yr heddlu, ac o fewn eiliadau roedd dau gerbyd yn sgrialu i mewn i'r clos. Yn y cyfnod hwn, wrth gwrs, roedd gweithredu treisiol yn digwydd yng Ngogledd Iwerddon ac roedd yr heddlu wedi dod i ddeall fod un o'r criw trydanwyr yn Wyddel. Bu'n rhaid ailagor y gwter, ond ar ôl chwilio'n ddyfal ni welwyd unrhyw beth amheus. Cawsom ganiatâd i fynd yn ein blaenau, a phawb erbyn hyn yn reit flin gan fod eu swper wedi'i ddifetha, neu o leiaf ei ohirio.

Gwawriodd trannoeth yn sych a braf gyda phawb yn ei le erbyn hanner awr wedi naw y bore a phob cwrs ar waith. Pan gyrhaeddodd y Tywysog gwelem fod ei fraich mewn sling. Roedd wedi torri cefn ei law wrth docio perth, mae'n debyg. O leiaf, dyna oedd stori'r papurau newydd. Wedi iddo gael ei gyflwyno dyma Dafydd Roberts, Cadeirydd Cymru, a finne'n mynd ag ef o gwmpas gan geisio egluro iddo'r hyn oedd yn digwydd, a phwrpas y cyrsiau. Dangosodd gryn ddiddordeb pan ddaethom at y cwrs plygu perth. Galwyd ar yr hyfforddwr, Glyn Evans, i esbonio'r manylion iddo. Aeth Glyn ati i blygu draenen weddol braff er mwyn dangos pwysigrwydd pob toriad. Ar gais y Tywysog, diosgodd ei fenig lledr trwchus a'u hymestyn iddo gael eu gweld. Gofynnodd y Tywysog a oedd y rheiny'n bwysig ar gyfer y gwaith. Ac fel fflach dyma Glyn yn ei ateb: 'Petaech chi'n gwisgo'r rhain, hwyrach na fyddech chi mewn sling heddiw.' Chwerthin wnaeth Charles a symud ymlaen gan adael Glyn, druan, yn pendroni a oedd wedi dweud y peth iawn ai peidio. Treuliodd y Tywysog rhyw awr a hanner yn ein cwmni, cyn cael ei lusgo bant i ymweld â rhywun arall. Er i mi ac yntau rannu'r un enw bedydd, ni ffeiriwn fy myd am ei un ef am bris yn y byd. Rhowch i mi beint tawel gyda ffrindiau unrhyw adeg.

Serch hynny, nid yw gwas sifil byth yn rhydd, a beth bynnag yw'r gwaith bydd penderfyniadau gwleidyddol yn siŵr o effeithio ar ei fywyd rywbryd neu'i gilydd. Yn y cyswllt hwn daeth galwad i'r Pencadlys yn gyntaf i'n cyflwyno i'r Pennaeth newydd, ac yna i osod y datblygiadau diweddaraf ger ein bron. Yn ôl yr argymhellion byddai Cymru a'r Alban yn troi'n rhanbarthau unigol tra byddai Lloegr i'w rhannu'n bum rhanbarth – rhyw fath o ddatganoli cynnar, mae'n debyg, gyda phob rhanbarth i gael ei Gyfarwyddwr a'i Gadeirydd ei hun. Yn ôl y Pennaeth newydd câi'r Cadeiryddion eu henwi o fewn dyddiau, ac yna rhaid fyddai hysbysebu am Gyfarwyddwyr gyda chyfweliadau i ddilyn. Trwy lwc, cafwyd gwybod mai Dafydd Roberts fyddai'r Cadeirydd yng Nghymru ac ymddangosodd hysbyseb am Gyfarwyddwr mewn amryw o bapurau. Teimlwn, wrth lenwi'r ffurflen gais, yn dipyn o ragrithiwr gan nad oeddwn yn meddwl rhyw lawer o'r Pennaeth newydd.

Teimlwn ei fod yntau, yn dilyn y cyfarfod hwnnw yn y Pencadlys, wedi synhwyro hynny. Beth bynnag, daeth y diwrnod mawr a bu'n rhaid mynd i Stoneleigh am gyfweliad. Cododd fy nghalon wrth i mi fynd i mewn i'r stafell a gweld Dafydd Roberts yno fel aelod o'r panel. Teimlwn yn well o wybod fod gen i o leiaf un ffrind yn bresennol. Rhaid bod Dafydd wedi pledio'n gryf drosof gan i mi, ymhen rhai dyddiau, glywed mai fi fyddai Cyfarwyddwr Cymru ac y byddai'r drefn newydd yn cychwyn ymhen deufis. Yn ôl y drefn newydd byddai angen ethol Bwrdd yn cynnwys tua deg o aelodau; byddai'r rhain, yn y pen draw, yn gyfrifol am Gymru, am y gyllideb a oedd i'w phennu a'r gweithgaredd drwy'r staff fyddai'n gosod adroddiadau rheolaidd o'u blaenau. Bellach roedd rheoli cyllid, trefnu gwaith a chadw cysylltiad agos â'r Undebau Amaethyddol, ynghyd â nifer o gyrff cenedlaethol eraill, yn dod yn rhan bwysig o'r gwaith.

Daeth yr adeilad ar Faes y Sioe Amaethyddol yn brif swyddfa ac o ganlyniad bu'n rhaid cau'r swyddfeydd ym Machynlleth. Gan fod Mari'n awyddus i barhau am rai blynyddoedd ychwanegol fel prifathrawes, gwnaed y penderfyniad y byddwn i'n teithio i Lanelwedd, taith o tua 55 milltir un ffordd bob dydd, a hynny ar hyd ffordd digon anodd. Rhaid fyddai cychwyn yn fore er mwyn osgoi llawer o'r drafnidiaeth ond, hyd yn oed yn bwysicach, cawn awr dda yn y swyddfa i weithio cyn i neb arall gyrraedd a chyn i'r ffôn ddechrau canu.

Rhaid dweud i'r cyfrifoldeb newydd fod yn gryn her gan fod cymaint o agweddau newydd wedi ymwthio i'r gwaith, a'r cyfan i'w gyflawni bob blwyddyn o fewn cyllideb reit gynnil. Gallaf dystio'n glir i mi dderbyn pob cymorth posibl gan y Bwrdd, ac i Dafydd Roberts, y Cadeirydd, fod yn graig y tu cefn i mi gydol yr amser.

Cyfeiriais yn gynharach at y ffaith na fu ymateb Dafydd a minne i'r cyfarfod cyntaf gyda'r Pennaeth newydd yn un gor-ffafriol, a buan y cadarnhawyd ein hofnau. Daeth yn amlwg ar y dechrau fod y Pennaeth yn hapusach i gadw golwg barcud ar wariant pob rhanbarth yn hytrach nag ar y lles a'r hyfforddiant a ddeilliai o hynny i'r ffermwyr. Oherwydd hyn bu aml i sgarmes rhwng y ddau ohonom dros y blynyddoedd, ond chwarae teg i'r Bwrdd ac i Dafydd, safasant yn gadarn o'm plaid i'r diwedd. Eto, rhaid cofio bod y Pennaeth yn ei dro dan bwysau o du'r Llywodraeth i gadw'r gwariant dan reolaeth, ac wedi bod yn chwysu o bryd i'w gilydd wrth geisio cydymffurfio â'r gofynion. Serch hynny, teimlai Dafydd a finne ei bod hi'n bwysig ymladd hyd yr eithaf am bob punt bosibl i Gymru.

Un o bethau mawr y Pennaeth oedd adeiladu timau, a'r pwysigrwydd o gael pob Cyfarwyddwr – ynghyd ag eraill oedd â gofal tîm – yn hyddysg mewn theori rheoli adnoddau dynol ('manpower management'). O ganlyniad i hyn byddai byth a hefyd yn anfon llyfrau i ni, llawer ohonynt wedi eu hysgrifennu yn America, i'w darllen a'u treulio.

Wedi cyfnod o hyn daeth galwad arnaf i fynd i'r Alban

i fynychu cwrs arbennig lle byddai elfennau megis trefniant gwaith, cyd-dynnu a rhannu cyfrifoldebau ar yr agenda. Wedi i mi gyrraedd yno roeddwn i'n falch o weld fod fy hen gyfaill Bill Hart yno hefyd, a balchach fyth ein bod ni yn yr un tîm. Lleoliad y cwrs oedd glannau Loch Inch, lle'r oedd coedwig reit helaeth. Wedi dau ddiwrnod cyfan o fynd drwy'r gwahanol elfennau, deallwyd y byddem drannoeth yn cynnal rhyw fath o gystadleuaeth a olygai y byddai tri thîm yn cystadlu yn erbyn ei gilydd gan gadw mewn cof yr elfennau a ddysgwyd yn ystod y ddau ddiwrnod cyntaf. Ar ôl derbyn y manylion byddai gofyn i bob tîm ddefnyddio map a chwmpawd i chwilio am rywun oedd wedi'i anafu. Ar ôl dod o hyd i'r claf, byddai'n rhaid mynd ati i greu ffrâm goed i'w gario at y llyn. Yna, wedi cyrraedd y llyn, rhaid fyddai adeiladu rafft o ddefnyddiau a fyddai'n gorwedd o gwmpas a chyrchu'r claf dros y dŵr at y ffordd fawr. Byddai'r tîm cyntaf i gyrraedd yn ôl yn ennill gwobr.

Gan fod Bill wedi bod yn y fyddin fel un o'r Capiau Gwyrdd, ef gafodd y gwaith o adeiladu'r rafft. O'r tri oedd ar ôl, gallai John ddarllen map. Cafodd y gwaith o dynnu llwybr tarw at y fan lle dylem ddod o hyd i'r claf. Gallai ddweud hefyd am y rhwystrau y byddem yn debygol o ddod ar eu traws, fel wal gerrig, lôn gul, nant ac yn y blaen. A chyda'r wybodaeth hon gen i, dyma fi bant a'u gadael i dorri'r ffrâm goed. Trefnwyd y byddent, wrth fy nghlywed i'n chwibanu, yn dod ataf. Bûm yn ddigon ffodus i ddod o hyd i'r claf ar unwaith a dyma chwibanu. Ar unwaith, cyrhaeddodd y ddau arall.

Wrth i ni ddechrau cludo'r claf yn ôl, sylwais ar lorri'r Comisiwn Coedwigaeth wedi'i pharcio gerllaw, a'r allwedd yn dal ynddi. Codwyd y claf i'r cefn a ffwrdd â ni at y llyn. Ar ôl cyrraedd, euthum â'r lòrri'n ôl heb i mi weld neb. Erbyn i mi gyrraedd yn ôl at y lleill roedd y rafft yn barod, a ffwrdd â ni ar draws y dŵr gan gyrraedd y ffordd fawr mewn dim o dro. Wrth gwrs, cawsom ganmoliaeth uchel nes i bedwerydd aelod y tîm, mewn pwl o euogrwydd, adrodd wrth y Pennaeth beth oedd wedi digwydd. Bill a finne gafodd y bai, er i'r ddau ohonom ddadlau mai prif bwrpas y prosiect oedd manteisio ar bob cyfle. Y noson honno, ac yntau ar ei drydydd pinc jin, dywedodd Bill: 'Fyddai'r Pennaeth byth wedi cael ei dderbyn gan y Commandos.' A gwir hynny, siŵr o fod.

Yn ôl y Pennaeth, byddai adroddiad a marciau yn cael eu nodi yn ein ffeiliau personol, a'r tebygolrwydd oedd mai yfflon o farc du mawr fyddai ar ffeiliau Bill a finne. Ond ni fu'r daith yn gwbl ofer. Dysgais sawl elfen a brofodd i fod yn reit fuddiol ar ôl dod adref at fy ngwaith bob dydd.

Er i mi gael hwyl ar sawl cwrs tebyg wedyn, teimlwn i a sawl un arall mai'r elfen estron, Americanaidd a gâi ei harfer o fewn y cyrsiau. Cofiaf yn dda, un prynhawn, y tiwtor yn dyfynnu o lyfr a oedd wedi cyrraedd o'r tu draw i Fôr Iwerydd – yn dweud pa mor bwysig oedd gwisgo'n briodol, a'r ffordd dderbyniol o ateb y ffôn, ac ati. Daeth cyfle o'r diwedd i ofyn cwestiwn. Gofynnais beth oedd pwrpas trowser gweddus os byddai ci cynddeiriog wedi plannu ei ddannedd ym moch eich pen-ôl, a'i berchennog heb fod mewn unrhyw frys i'w alw i ffwrdd. Ni chafwyd ateb, dim ond y sylw na fyddai'r fath sefyllfa'n debygol o godi. O edrych yn ôl, rwy'n rhyw deimlo ei fod yn credu na ddylai pobl fel fi fod ar gyrsiau o'r fath.

Wrth i'r amser fynd yn ei flaen, deuai'n fwyfwy amlwg fod y Pennaeth newydd am symud ein gwaith ymhellach o lidiart y buarth ac i weithio mwy a mwy drwy asiantaethau eraill. O'r herwydd trodd y gwaith yn fwy gwleidyddol, a chyn pen dim roeddwn yn teithio'n rheolaidd i'r Swyddfa Gymreig (cyn y Cynulliad) yng Nghaerdydd. Byddwn yn mynychu cyfarfodydd o dro i dro i adrodd wrth Ysgrifennydd Cymru beth oedd yn digwydd. Erbyn hyn hefyd roedd gan y Weinyddiaeth Amaeth gynrychiolydd ar y Bwrdd. Hwn, gan amlaf, fyddai'n cynrychioli'r Weinyddiaeth wrth ymdrin â chymeradwyo'r gyllideb flynyddol a ddeuai i'r Bwrdd yng Nghymru. Golygai hyn lawer o waith ar fy rhan innau hefyd cyn cyflwyno'r ddogfen ariannol fel man cychwyn i'n trafodaethau bob blwyddyn. Chwarae teg, cefais bob cymorth gan Dafydd Roberts ac aelodau'r Bwrdd yn hyn o beth. Gan fod y swyddfa bellach ar Faes y Sioe yn Llanelwedd, bu'n gyfnod hyfryd o gydweithio, ac mae'r gwaith gwirfoddol heddiw dros y Sioe wedi deillio'n uniongyrchol o'r cyfnod hwn.

Ar Faes y Sioe codwyd adeilad helaeth er mwyn cynnig stafelloedd cysgu i ddangoswyr anifeiliaid dros gyfnod y Sioe Fawr yn yr haf. Yma hefyd cyflogai'r Sioe ŵr a gwraig yn llawn amser i edrych ar ôl yr adeilad ac i fod yn gyfrifol am y gegin. Felly, ar gyfnodau yn ystod y flwyddyn, byddai'n bosibl i'r Bwrdd Hyfforddi logi'r stafelloedd a threfnu bwyd i nifer o hyfforddwyr er mwyn gwella'r safon o ddysgu ar draws y wlad. Dros y blynyddoedd rhaid bod rhai cannoedd o hyfforddwyr wedi mynd drwy'r gyfundrefn yma. Wrth gwrs, roedd y trefniant nid yn unig o fudd mawr i ni fel Bwrdd – golygai hefyd incwm sylweddol i'r Sioe, a hynny ar adegau pan fyddai Maes y Sioe yn reit dawel.

Heddiw, wrth edrych yn ôl, gallaf ddweud i'r cydweithrediad gyda swyddogion y Sioe fod yn wych, ac ar y cyfan bu'r cydweithio gyda'r Swyddfa Gymreig a'r Weinyddiaeth yn weddol esmwyth. O leiaf, ni chollwyd gwaed. Ein maes ymryson gan amlaf fyddai'r cyfalaf blynyddol gyda'r duedd i'r wasgfa gynyddu o flwyddyn i flwyddyn.

Eto, i rywun a oedd wrth ei fodd yn gweithio gyda ffermwyr a phobol ifanc, roedd hi'n anorfod y byddai'r cyfnodau hir yn y swyddfa a'r holl waith gweinyddol yn gadael ei farc. Weithiau byddwn yn hiraethu am gael gweithio unwaith eto gyda'r hyfforddwyr a chael hwyl gyda'r cymeriadau fel cynt. Wrth i mi feddwl amdanynt, deuai aml un yn ôl yn fyw iawn i'r cof gan ennyn ambell wên. Pobol fel Garnet Jones o Ruthun, hyfforddwr trin cŵn defaid penigamp a chymeriad mawr. Byddai hefyd wrth ei fodd yn canu ac yn diddanu ar ddiwedd dydd. Gweithiai i'r Bwrdd Trydan gan ddefnyddio pen-wythnosau ac unrhyw ddiwrnodau rhydd yn hyfforddi. Cofiaf yn dda ei ddilyn i Lanfihangel-yng-Ngwynfa un noson tua un ar ddeg o'r gloch a gorfod brecio'n sydyn wrth weld ei gar wedi stopio ar ganol y ffordd. O fynd ato roedd e'n argyhoeddedig iddo hitio mochyn daear ac ofnai ddod allan o'r car rhag ofn bod y creadur yn dal yn fyw ac wedi cynddeiriogi. Euthum yn ôl i'r car a chynnau'r goleuadau'n llawn. A dyma sylweddoli iddo ladd dafad, nid annhebyg ei lliw i fochyn daear. Am gyfnod wedyn byddai ambell wàg yn gosod dafad debyg ar y cae hyfforddi. Ond chwerthin wnâi Garnet bob tro. Yn drist iawn, ac yntau ar fin ymddeol ac yn edrych ymlaen at hyfforddi llawer mwy, fe'i trawyd gan y cancr a chollais gyfaill a chymeriad annwyl.

Cymeriad mawr arall fu'n gwneud llawer o waith ar un adeg oedd y milfeddyg Tom Herbert o Aberaeron, gŵr dysgedig a chryn hanesydd. Yn aml ar ganol cwrs byddai Tom yn troi at hanes y fro lle cynhelid y cwrs, gan adrodd hanes hyn ac arall a llwyr anghofio am hanfodion y cwrs. Ambell dro, wrth i'r sgwrs droi at hanes y fro, byddai wedi arwain y fintai o gwmpas yr ardal gan droi'r cwrs yn wers hanes. Hyfryd, serch hynny, oedd cael gwrando arno ar ei orau gyda'r iaith yn byrlymu rhwng ei wefusau gyda phriod-ddulliau Cymraeg rhywiog na feddyliai neb eu bod nhw'n bodoli yn dod i'r golwg. Byddai ar ei orau pan fyddai'r cwestiynau'n llifo, gydag ambell ateb cystal bob tamaid ag araith amryw o wybodusion.

Milfeddyg arall a drodd i fod yn ffrind oes ac yn hyfforddwr penigamp oedd Terry Boundy, a weithiai allan o hen dref Trefaldwyn ar y ffin ag Amwythig. Cychwynnodd ei yrfa fel milfeddyg mulod yn yr Ail Ryfel Byd. Byddai'r mulod yn bwysig ar gyfer cludo offer i'r ffrynt. Gŵr o dras Wyddelig oedd Terry, ond erbyn diwedd y rhyfel daeth i Gymru gan ymsefydlu ym Maldwyn. Yn rhyfedd iawn, er iddo gadw'i ddiddordeb mewn ceffylau, aeth ati i astudio o ddifrif glefydau a phroblemau defaid. Aeth yr astudiaethau hyn ag ef ledled y byd, ac mor bell â Seland Newydd – lle mae defaid ym mhobman, wrth gwrs. Cafodd ei gydnabod

gan wahanol gymdeithasau fel un o arbenigwyr mwyaf
profiadol ei faes a bu ei wyboḍaeth o fudd mawr i'r
Bwrdd Hyfforddi. Ef oedd un o'r milfeddygon cyntaf i
gymryd at y 'phantom ewe' y cyfeiriwyd ati eisoes, a
chofiaf fynd gydag ef unwaith i Sir Faesyfed lle
cynhaliodd dri chwrs mewn un diwrnod. Garej oedd
lleoliad y cwrs, gyda drws mawr agored a llawr concrit, a
hynny ar ddiwrnod eithriadol o oer ym mis Ionawr.
Byddai llawer un arall wedi rhoi'r gorau iddi a mynd
adre. Ond na, daliodd ati gydol y dydd hyd at naw o'r
gloch y nos. Chwarae teg, fe'n bwydwyd drwy'r dydd gan
y ffermwr oedd yn berchen y lle â choffi a chynnwys
potel fawr o wisgi. Ac meddai Terry tua diwedd y dydd:
'Os dechreua i weld dwbwl, dwed wrthyn nhw fy mod i'n
esgus tynnu efeilliaid!' Ond ni welais unrhyw arwydd
bod y ddiod wedi effeithio arno o gwbwl. Wrth i ni
ddechrau pacio'n offer ar y diwedd daeth y ffermwr i
mewn a'n harwain i'r tŷ. Yno cafwyd llond bol o swper,
ac wrth fwyta anghofiwyd popeth am yr oerfel a'r oriau
hirion.

Gallwn fynd ymlaen yn hir yn adrodd am ragor o'r
cymeriadau hyn y bûm mor ffodus â dod i'w hadnabod.
Gwn i mi ddysgu llawer o fod yn eu cwmni. Ond cyn
gadael yr hyfforddwyr rhaid sôn am un cymeriad arall,
un y gwnes ei ystyried yn ffrind am flynyddoedd mawr,
sef Twm Jim o'r Bala. Os bu cymeriad ffraeth erioed,
Twm Jim oedd hwnnw, a chrefftwr o'i ben i'w draed.
Wrth edrych yn ôl, credaf iddo ddysgu cenhedlaeth
gyfan o bobl ifanc ym Meirion a'r Canolbarth sut i
gneifio. Medrai Twm gneifio â gwellaif ac â pheiriant fel
ei gilydd. Roedd hefyd yn bencampwr ar baratoi defaid

ar gyfer eu dangos. Dros y blynyddoedd daeth nifer o'r Penaethiaid i'w adnabod, a byddent wrth eu bodd yn ei gwmni. Cofiaf yn dda am y Prif Swyddog yn Llundain yn dod i ymweld â ni, a chan fod Twm y diwrnod hwnnw'n rhedeg cwrs yn y Bala, dyma fynd draw. Cwrs i fechgyn ifanc ar docio cynffonnau defaid cyn eu troi at yr hyrddod yn yr hydref oedd hwn. Rhaid oedd i'r Pennaeth, wrth gwrs, fynd ar ei union draw at Twm i ysgwyd llaw gan ofyn iddo, cyn cilio o'r ffordd, beth oedd pwrpas y cwrs. 'Well,' meddai Twm, gan droi i'r Saesneg, 'when you were young and going out after the girls on a Saturday night you always changed your underpants. This job is along the same lines.' Ie, pwy ond Twm fedrai roi'r fath ateb!

Soniais eisoes am y gwaith o sefydlu prentisiaeth pan oeddwn i'n Swyddog Rhanbarth, sef cyfnod o dair blynedd lle byddai'r person ifanc yn dilyn cynllun arbennig yn arwain at ei sefydlu fel gweithiwr profiadol yn adran gwartheg llaeth, bîff, defaid neu unrhyw faes arall. Wrth edrych yn wrthrychol ar y cynllun, a minne erbyn hyn wedi symud ychydig ymhellach i ffwrdd oddi wrtho, gwelwn angen am osod rhyw her ychwanegol iddynt. Teimlwn fod nifer o'r ieuenctid yn cael eu gadael fel petaent mewn gwagle heb sbardun i symud ymlaen ymhellach. I raddau, teimlwn fod y Bwrdd Hyfforddi yn eu hesgeuluso. Gyda'r teimlad hwn yng nghefn fy meddwl, bûm yn ddigon ffodus i gyfarfod â Dai Davies o Fanc y Nat West un diwrnod. Soniais wrtho am hyn, a bûm yn ddigon byrbwyll i ofyn am nawdd gan y banc fel rhyw fath o ysgoloriaeth ar gyfer ieuenctid o'r fath. Sylweddolais fod Dai yr un mor gefnogol, a chefais addewid ar unwaith y byddai'n trafod y mater ar frys gydag adran amaethyddol y banc.

I dorri stori hir yn fyr, bu Dai'n llwyddiannus gyda'r canlyniad i gystadleuaeth Ffermwr Ifanc y Dyfodol ddod i fodolaeth. Fe'i cynhaliwyd ers llawer blwyddyn bellach ac mae nifer fawr o'r enillwyr wedi defnyddio'r arian naill ai ar gyfer teithio, gan ledu eu gorwelion, neu ei fuddsoddi ar gyfer cychwyn eu busnesau eu hunain. Erbyn heddiw hefyd sefydlwyd cymdeithas o'r criw yma sydd bellach yn ethol eu swyddogion eu hunain gan drefnu teithiau tramor, cyfarfod ar ffermydd ei gilydd ac, yn bwysicach na dim, trefnu i gyfarfod â Gweinidog Amaeth y Cynulliad ac eraill i drafod problemau'r ifanc wrth geisio cychwyn yn y byd amaethyddol. Mae brwydr yr ifanc i ddechrau dringo'r ysgol amaethyddol wedi bod yn un anodd erioed, ac yn mynd yn fwy anodd o hyd. Y gobaith yw y bydd y cydweithio a'r cyd-drafod yma yn gymorth ar y ffordd ymlaen.

Eto, yng nghanol hyn i gyd, gwelwn arwyddion o newid mawr o'n cwmpas. Fe ddywedodd Harold Wilson unwaith fod wythnos yn amser hir mewn gwleidyddiaeth. Ac yn sicr, mae pum mlynedd ar hugain yn amser hir o fewn y Bwrdd Hyfforddi Amaethyddol. Bellach roedd sôn am newid enw'r Bwrdd, sôn am weithio mwy a mwy drwy asiantaethau eraill, ac roedd arwyddion yn y gwynt fod y cysylltiad agos â'r diwydiant yn dod i ben.

Erbyn hyn roeddwn innau wedi dechrau ffermio unwaith eto gyda chobiau, defaid a chŵn, a'r dynfa at y pridd yn cryfhau o ddydd i ddydd. Ac am unwaith bûm yn lwcus. Dyma'r adeg pan oedd y Llywodraeth yn barod i gynnig ymddeoliad cynnar i weithwyr dros hanner cant a phump oed. Ac un bore, dyma fi'n agor y llythyr a oedd yn cynnig hyn. Fel unrhyw Gardi da gwrthodais y cynnig cyntaf, ond gan adael y drws yn gilagored. O dipyn i beth euthum â'r maen i'r wal. Gwnaed y gwaith o adael y Bwrdd yn haws wrth i Hywel Evans yn Aberystwyth gynnig i mi waith rhan-amser fel rhan o gynllun Cwysi, sef cynllun i gefnogi Cymry Cymraeg i gychwyn busnesau yng nghefn gwlad Cymru. A dyna gychwyn ar ddeng mlynedd hapus arall yn fy hanes, fel swyddog maes gyda chwmni Menter a Busnes.

Bu staff a swyddogion y Bwrdd Hyfforddi i gyd yn hynod garedig wrthyf gan drefnu parti ffarwél; yn wir, yn fwy caredig nag a haeddwn. Eto, wrth ymadael â'r swyddfa gan wybod y medrwn bellach roi o leiaf hanner fy amser i ffermio, teimlwn fod bod yn lwcus mewn bywyd yn well na bod yn ariannog. Roeddwn wedi treulio blynyddoedd fel swyddog i'r Bwrdd, ond bellach daeth yr awr i droi dalen newydd. Byddai, fe fyddai gwaith rhan-amser yn galw, ond byddwn y gweddill o'r amser, fel yr oedd Dai Williams, fy athro Saesneg yn Nhregaron wedi proffwydo, yn llafurio gyda chaib a rhaw.

Y Sioe Fawr

Mae'n debyg i'r diddordeb mewn sioeau, yn enwedig adran y ceffylau, ddatblygu wrth i mi ddilyn Nhad. Er nad oedd ganddo unrhyw uchelgais i arddangos yn y sioeau mawr, byddai wrth ei fodd yn mynd o gwmpas y sioeau llai, a mawr fyddai'r hwyl wrth baratoi, yn arbennig felly'r ceffylau gwedd. Weithiau byddai'n beirniadu, a byddai'n dweud wrtha i'n aml: 'Fe ddylai pob beirniad gwerth ei halen fod wedi penderfynu ar yr enillydd a'r goreuon eraill erbyn iddyn nhw fynd o gwmpas y cylch un waith.' Ie, y ceffyl oedd ei fyd tra byddai'r fuwch, druan, yn cael safle israddol iawn yn ei feddwl. Calondid i mi erbyn hyn yw cofio iddo fod yn marchogaeth ceffyl awr a hanner yn unig cyn ei farwolaeth – yr hen geffyl hwnnw a ddilynodd ei arch hyd at lidiart y fynwent.

Sefydlwyd y diddordeb mewn sioeau ynof, felly, pan oeddwn i ond yn fachgen ifanc. Gan fod y Sioe Fawr bryd hynny'n un deithiol, byddwn yn mynd i'r gogledd a'r de am yn ail gan fanteisio ar y cyfle i weld ardaloedd gwahanol o Gymru ar yr un pryd. Un o'r sioeau cyntaf y medraf ei chofio oedd Hwlffordd, a finne'n teithio yno yng nghefn fan Wil Jones, Bronceiro. Doeddwn i ddim yn un da am deithio a bu'n rhaid stopio droeon cyn, yn y diwedd, i mi benderfynu cerdded y filltir neu ddwy olaf. Wrth gwrs, erbyn hynny roedd yna res o geir yn disgwyl

156

mynd i mewn i'r Maes a chefais fy hun wrth y brif fynedfa gryn chwarter awr o flaen Wil a'i fan.

Droeon hefyd teithiais ar y bws, gan gael fy nharo'n sâl yn aml, yn arbennig ar y ffordd adre. Hwyrach fod hynny'n ganlyniad i lyncu gormod o jeri-bincs. Cofiaf yn dda fynd i'r sioe yng Nghaerdydd a'r bws yn stopio ym Merthyr Tudful ar y ffordd yn ôl. Aeth rhai i nôl pysgod a sglodion, ac eraill yn achub ar y cyfle i fynd drwy ddrws tafarn gerllaw. Dyma gychwyn am adre o'r diwedd a gyrrwr y bws, Tanto, yn bygwth nad âi â ni byth wedyn. Ond chwarae teg iddo, ni wireddwyd ei fygythiad. Ymhen dim o dro ar ôl cychwyn o Ferthyr clywyd gwaedd am i Tanto stopio, a phedwar neu bump o'r teithwyr yn straffaglu allan ar eu pennau. Ailgychwyn eto, ac o fewn llai na milltir, galwad arall am stop. Ond nid oherwydd salwch y tro hwn. Yn nes ymlaen ar hyd y ffordd sylweddolodd un o'r teithwyr iddo adael ei ddannedd gosod gyda chynnwys ei stumog a bu'n rhaid troi'n ôl. Drwy lwc, daethpwyd o hyd i'r dannedd a bu gweddill y daith yn weddol ddigyffro.

Daeth y Sioe Fawr i Fachynlleth ym 1954, ac ar ddiwedd y diwrnod cyntaf cefais wybod fod y Maes mewn cyflwr gwael. Wrth i mi gerdded i ddal y bws fore trannoeth roedd y glaw yn dal i arllwys i lawr. Galwodd ymron pob darpar-deithiwr yn siop Dai Cobler cyn cychwyn er mwyn prynu pâr o Welingtons yr un, rhai ohonynt wedi llwyddo i gael pâr oedd yn ffitio, ond eraill yn gwisgo rhai oedd faint neu ddau yn rhy fawr. Erbyn i ni gyrraedd Machynlleth roedd y llaid mor groesawgar fel y llifai allan i gyfarfod â ni drwy'r brif fynedfa. Prin bod fy ewythr, John Morgan, Gilfach y Dwn Fawr, wedi cerdded mwy na chanllath cyn i'w Welingtons, a oedd ddau faint yn rhy fawr, lynu yn y llaid. Yn wir, daeth ei draed allan ohonynt yn glir. Cerddodd am weddill y dydd yn nhraed ei sanau, gan ddatgan mai'r pethau gwaethaf a grëwyd erioed oedd Welingtons!

Tua phedair blynedd yn ddiweddarach roedd y sioe i'w chynnal yn Abergele. A minne'n dysgu gyrru car, teithiais yng nghar Wncwl Wil, yn ei gwmni ef fel gyrrwr profiadol, tra oedd John Morgan yn y cefn. Erbyn hyn roeddwn i'n aelod o Glwb Ffermwyr Ifanc Ystrad Fflur ac wedi fy newis i gynrychioli Sir Aberteifi yng nghystadleuaeth beirniadu'r Gwartheg Duon. Rhaid felly oedd cychwyn yn fore fel y gallwn fod yng Nghanolfan y Ffermwyr Ifanc ar y Maes mewn da bryd. Teithiem i fyny drwy Flaenau Ffestiniog a thros y Crimea, gyda John o'r farn mai dyma'r lle olaf erioed i Dduw ei greu. 'Yn sicr i ti,' meddai John, 'doedd dim modfedd o dir amaethyddol ar ôl erbyn cyrraedd y fan hyn!'

Ni wellodd hwyl fy ewythr wrth i ni weld bod y Maes mewn cyflwr gwael, gyda'r glaw yn disgyn yn gyson. Erbyn dau o'r gloch roedd o'r farn na wnâi fynychu'r Sioe fyth wedyn. Eto i gyd, ychydig oriau'n ddiweddarach, a ninnau'n cael swper mewn gwesty yn Nolwyddelan ar y ffordd adre, newidiodd ei feddwl gan ddechrau sôn am y flwyddyn ganlynol. Ychydig wnaeth yr un ohonom sylweddoli'r noson honno – wrth gellwair am y flwyddyn ganlynol a mwynhau'r bwyd – fod newidiadau mawr ar y gorwel, a'r rheiny'n dod yn agosach bob dydd. Yn sicr, fe wnaeth sioeau gwlyb Machynlleth, Aberystwyth ac Abergele annog pwyllgor y Sioe i chwilio am Faes parhaol ynghyd â'r holl adnoddau gwell a allai ddeillio o'r fath ddatblygiad.

Erbyn 1963 roedd y Sioe ar Faes parhaol yn Llanelwedd a minne bellach yn Drefnydd y Ffermwyr Ifanc ym Maldwyn. Heddiw, wrth edrych yn ôl, gallaf ddweud na chollais yr un Sioe Fawr ers ei dyfodiad i Lanelwedd dros ddeugain mlynedd yn ôl.

Byddai'r Ffermwyr Ifanc bob amser yn cynnal rhaglen lawn o gystadlaethau ar Faes y Sioe gyda'r arferiad o osod Trefnydd Sirol yng ngofal pob cystadleuaeth. Fel rhan o'm gwaith ym Maldwyn rown i wedi trefnu llawer o hyfforddiant ym maes dofednod, a chefais y cyfrifoldeb o ofalu ar ôl cywion a oedd i'w paratoi ar gyfer y bwrdd bwyd, yn ogystal ag am ieir byw ar gyfer eu beirniadu. Nid oedd hi'n ymarferol i gludo ieir byw o bell i Faes y Sioe, ac wrth wneud ymholiadau bûm yn ddigon ffodus i gael benthyg ieir gan Mrs Kinsey Pugh, a oedd yn byw nid nepell i ffwrdd. Roedd hi a'i gŵr wedi gweithio'n galed ar ran y Sioe dros y blynyddoedd, ac mae mab ac ŵyr iddi'n dal yn frwdfrydig hyd heddiw. Gelwais heibio yn y bore a hithau, chwarae teg, wedi paratoi wyth iâr, pedair ym mhob basged. Roedd y rhain yn ieir sioe, a rhybuddiwyd fi i gymryd pob gofal ohonynt ac i'w dychwelyd i'r fferm cyn diwedd y dydd.

I ffwrdd â fi, gan yrru'r car i mewn i adran y Ffermwyr Ifanc. Roedd llawer iawn mwy o le ar y Maes bryd hynny nag sydd heddiw. Wedi'r cystadlu, gosodais yr ieir yn ôl yn eu basgedi. A chan feddwl y byddai hynny'n well iddynt, oherwydd y gwres, gosodais nhw o dan y car yn hytrach nag ynddo. Rhoddais ychydig o ddŵr iddynt ganol y bore ac yna mynd gyda Bryn James am dro o gwmpas y Maes. Erbyn un o'r gloch roedd y ddau ohonom wedi blino ac aethom i eistedd a bwyta brechdanau uwchlaw'r prif gylch. Torrwyd ar draws yr hoe wrth i ni weld un o ieir Mrs Kinsey Pugh yn cerdded yn dalog ar draws y cylch fel petai'n berchen y lle. Wrth redeg yn ôl at y car gwelais ar unwaith fod rhywun wedi gollwng yr wyth iâr yn rhydd, a dyma ddechrau ar yr helfa fawr. Bu Bryn a minne wrthi tan naw o'r gloch y nos cyn i ni ddal yr olaf, a hynny ar gangen coeden ger pentre Hundred House, gryn bellter o'r Sioe. Ni chredaf i Mrs Kinsey Pugh ddod i wybod am yr helynt gan i mi gael eu benthyg eto'r flwyddyn ganlynol, a'r wers wedi ei dysgu erbyn hyn i beidio â gadael yr ieir allan o'm golwg. Rhaid bod rhywun wedi cael cryn hwyl yn eu gollwng yn rhydd, a llawer mwy o hwyl o weld Bryn a finne'n eu hel drwy'r prynhawn.

Mae'n debyg mai oherwydd bod y ddau ohonom yn gymaint o ffrindiau ac yn treulio cymaint o amser gyda'n gilydd y cawsom y swyddi anrhydeddus o fod yn wylwyr nos ar Ganolfan y Ffermwyr Ifanc. Rhaid nodi na fyddai unrhyw weithgareddau maleisus yn digwydd. Eu prif hwyl fyddai ceisio cadw'r ddau ohonom ar ddihûn. Aeth pethe'n reit ddrwg un noson, ac erbyn tua dau o'r gloch roedd hwyliau Bryn a finne'n reit ddrwg hefyd. Roedd dau neu dri o'r rhai mwyaf drygionus yn rhedeg o gwmpas y tu allan i'r brif babell gan chwarae gyda'r rhaffau nes bod y cyfan yn crynu. Doedd dim modd cysgu, a dyma Bryn yn cychwyn y car ac yn gyrru o gwmpas tra rown i'n llenwi dau fwcedaid o ddŵr cyn esgyn i ben llwyfan uchel wedi ei godi ar gyfer trannoeth. Ar ôl rhoi digon o amser i mi baratoi, daeth Bryn yn ei ôl a mynd i mewn i'r babell. Roedd popeth yn dawel. Ond nid am ryw lawer o amser. Gwelsom dri o fechgyn yn dod i'r golwg yn llechwraidd. Cyn anelu am y rhaffau, dyma'r tri yn cuddio o dan y llwyfan ac yn sbecian yn slei o gwmpas heb feddwl bod neb uwch eu pennau. A dyma ollwng y ddau fwcedaid o ddŵr ar eu pennau. Fe'u gwlychwyd at eu crwyn, a chafodd Bryn a finne lonydd am weddill y noson. Ie, cyfnod hapus fu cyfnod y Ffermwyr Ifanc, a da yw gweld y cysylltiad agos sydd wedi bodoli rhwng y Sioe a'r mudiad yn para'r un mor gryf heddiw.

Cofiaf ymwelydd o Israel yn dod i Lanelwedd, a finne'n ei gludo i'r Drenewydd ar ddiwedd y dydd cyn ei yrru ymlaen at un o'r clybiau'r diwrnod canlynol. Gan ei bod hi'n ddiwrnod ola'r Sioe roedd Mari a'r plant wedi dod yno gyda mi, a hynny ar un o'r dyddiau poethaf y medraf ei gofio. Erbyn troi am adre roedd Mari, druan, wedi cael pwl ofnadwy o'r meigryn, a phrin yn medru siarad. Doedd ein presenoldeb ni, yn arbennig dau o blant bach, ynghyd ag ymwelydd o Israel, ddim yn rhyw help mawr. Wedi i ni gyrraedd adre, ymladdodd Mari'n ddewr i baratoi bwyd i ni. Aeth popeth yn iawn nes i mi gofio'n sydyn mai'r cig yr oeddwn wedi ei brynu ar gyfer swper oedd porc. Roedd hi'n rhy ddiweddar i'w newid, a Mari'n rhy sâl i ailbaratoi pryd. A chwarae teg i'r Israeliad, fe fwytodd y cig – naill ai oherwydd ei fod bron â llwgu, neu mewn cydymdeimlad â Mari. Drannoeth, a Mari'n teimlo'n well, dywedodd na fu iddi erioed deimlo mwy o embaras, er mai arnaf i oedd y bai am brynu'r cig gwaharddedig yn y lle cyntaf. Eto, rhaid bod rhywbeth wedi mynd yn iawn gan i ni, ymhen ychydig ddyddiau, dderbyn llythyr oddi wrth yr ymwelydd yn diolch am y croeso a'r mwynhad o gael ymweld â'n cartref.

Cyn dyddiau'r adeiladau parhaol, arferiad y Sioe oedd cynnig cabanau pren bychain yn rhesi ar gyfer y stocmyn ac eraill yr oedd gofyn iddynt dreulio'r nos ar y Maes. Er mwyn arbed lle gosodid dwy res o'r rhain gefn wrth gefn yn hytrach na'u gosod yn rhesi unigol. Un noson, a finne newydd ddychwelyd i'r caban bach tua hanner nos, sylweddolais fod yna beth anesmwythyd ar yr ochr draw i'r mur pren tenau a'm gwahanai oddi wrth y caban nesaf. Clywn lais merch yn dweud: 'O, tyrd 'mlaen, John, paid â mynd i gysgu.' Yna, ymhen rhai munudau dyma hi'n dweud hynny eto. Ar ôl y trydydd tro, dyma finne'n dweud yn uchel: 'Ie, tyrd 'mlaen, John, er mwyn popeth fel y medra i fynd i gysgu!' Chlywais i'r un gair pellach weddill y nos. Dyddiau da oedd y dyddiau hynny cyn i soffistigeiddrwydd yr oes fodern fynnu cyfleusterau sydd bron yn cyfateb â bod gartre, a gwell na hynny i rai.

Erbyn y saith degau roeddwn yn trafod y posibilrwydd o gael stondin i'r Bwrdd Hyfforddi ar Faes y Sioe. Heddiw, mae'r cyfan yn rhan o hanes: fel y bu i'r Bwrdd gychwyn gyda stondin fechan yn y cefn cyn symud yn araf nes i ni fod mewn safle llawer mwy sylweddol y drws nesaf i'r Bwrdd Marchnata Llaeth, nid nepell o'r prif gylch. Wedyn daeth adeilad parhaol ar draws y ffordd i adeilad y Ffermwyr Ifanc, ac yno y mae o hyd.

O edrych yn ôl, ac er na chollais yr un Sioe ers symud i Faes parhaol Llanelwedd, erys 1978 yn y cof fel y flwyddyn pryd y newidiodd fy nghysylltiad â'r Sioe yn sylweddol. Mae'n rhaid mai un y flwyddyn cynt – Sioe

1977, yn Aberystwyth – oedd yr un dyngedfennol. A minne'n sylwebu ar y brif arddangosfa o enillwyr yn y prynhawn, daeth y diweddar Llew Phillips ataf a dweud fod arno fy angen yn Llanelwedd, ac yna i ffwrdd ag ef. Chlywais i'r un gair ymhellach, ac wedi i fisoedd fynd heibio meddyliais fy mod wedi cael achubiaeth rhag y fath gyfrifoldeb. Gwawriodd Sioe 1978, a minnau'n brysur yn gosod stondin y Bwrdd Hyfforddi yn barod at waith y dydd pan ddaeth Llew heibio. 'Tyrd gyda fi,' meddai Llew. Doedd neb yn dadlau â Llew, felly i ffwrdd â fi, gan ei ddilyn fel ci bach i fyny i'r tŵr sylwebu yn y prif gylch. 'Eistedd yn fan'na a rho dipyn o Gymraeg iddyn nhw gydol yr wythnos,' meddai.

Ie, mae'n rhaid mai dyma'r wythnos fwyaf uffernol a ddaeth i'm rhan erioed. Doeddwn i ddim wedi gwneud unrhyw waith paratoi, ac oherwydd newydd-deb y sefyllfa profodd i fod yn wythnos galed. Nos Iau, euthum adre yn llesg fel hen ŵr gan addo i mi fy hun na wnawn i ddim byd tebyg byth eto. Ymhen rhai dyddiau cyrhaeddodd nodyn oddi wrth Llew yn canmol fy ymdrechion, ac yn nodi y byddai'n disgwyl cyfraniad gen i y flwyddyn ganlynol hefyd.

Ni fûm erioed yn y fath gyflwr cymysglyd, a bu ond y dim i mi ysgrifennu ato i ddweud fy mod yn gwrthod. Dau beth yn y diwedd, mae'n debyg, a'm cadwodd rhag gwneud hynny, sef fy mharch mawr at Llew Phillips a geiriau John Jenkins pan oeddwn i lawer yn iau: 'Heb gynnig, wnei di ddim concro dim.'

Erbyn y flwyddyn ganlynol roedd pethau ychydig yn well. Roedd hynny'n bennaf oherwydd i mi wneud tipyn o waith cartref o flaen llaw, a hefyd am i Dai Jones, hen gyfaill, ddod i gynorthwyo gyda sylwebaeth ar y gwartheg. Roedd rhannu'r baich yn ystod yr orymdaith wartheg yn haneru'r gorchwyl, a chaem lawer o hwyl gyda'n gilydd. Dyma'r cyfnod pan ddaeth y Dywysoges Anne i ymweld â'r cylch mawr a Dai, druan, yn methu'n lân â chofio'i theitl swyddogol ac yn ei chyfarch fel Mrs Phillips – stori sy'n chwedl erbyn hyn. Ni wnâi hynny fyth ddigwydd iddo heddiw, ac yntau mor broffesiynol nawr. Wrth i Dai symud ymlaen i gyflwyno'r Sioe ar deledu bu'n golled fawr i mi. Erbyn heddiw mae'n cyflwyno ar deledu digidol gydol y dydd, bob dydd.

Rywfodd neu'i gilydd daeth eistedd o flaen meicroffon byw yn llai o broblem, a gydag ychydig o hyder dysgais sut i arafu fy mharabl, a thrwy wneud hynny lwyddo i ddod drosodd yn fwy eglur i'r gynulleidfa. Ond daeth newid eto, a hynny ddiwedd 1982 pan fu farw'r prif sylwebydd yn sydyn. Clywais yr hyn nad oeddwn yn awyddus i'r glywed – sef mai fi oedd i'w olynu. Roedd hon yn swyddogaeth nad oeddwn yn awyddus o gwbl i'w derbyn.

Yn fuan wedyn trodd newyddion drwg yn newyddion gwaeth pan gadarnhawyd y byddai'r Frenhines yn ymweld â'r Sioe yn 1983, ac fel prif sylwebydd gwyddwn y byddai gen i sesiwn galed y tu ôl i'r meic. Penderfynodd prif stiward y cylch mawr mai peth da fyddai cael arddangosfa o greaduriaid Cymreig o fewn i'r cylch i gyd-fynd ag ymweliad y Frenhines – y mwyafrif ohonynt yn bencampwyr y gwahanol adrannau – fel bod goreuon Cymru o'i blaen. Yn ôl yr amserlen roedd y Frenhines i fod i gyrraedd y cylch tua hanner awr wedi un, felly am chwarter wedi un daeth gweithgareddau arferol y Sioe i ben er mwyn cael amser i drefnu'r arddangosfa. Tua un o'r gloch daeth un o swyddogion yr heddlu i fyny i'r twr gyda ffôn arbennig y medrwn ei defnyddio'n uniongyrchol os gwelwn unrhyw beth anarferol neu amheus yn digwydd. Yn syth bìn wedi i'r swyddog adael, daeth neges yn dweud fod rhaglen y Frenhines yn rhedeg yn hwyr, ac i mi wneud fy ngorau i gadw'r gynulleidfa'n ymwybodol o'r hyn oedd yn digwydd.

Gorfodwyd i mi falu awyr am dri chwarter awr – fues i ddim erioed yn falchach o fod yn ddwyieithog – a dangosodd y cloc chwarter wedi dau helaeth erbyn i'r osgordd frenhinol gyrraedd. Does dim angen dweud i raglen y cylch redeg yn gythreulig o hwyr am weddill y dydd ac na wnes i chwysu cymaint erioed. Gwelodd yr hen Alan Turnbull, y Prif Stiward, y camgymeriad hefyd ac addawodd na châi gweithgaredd y dydd ei atal byth wedyn.

Sais oedd wedi symud i fyw i dde Cymru oedd Alan Turnbull ac ni fu gwell person i weithio iddo erioed. Byddai ei air yn ddeddf ac ni wnâi fyth ddioddef ffyliaid. Cofiaf yn dda amdano yn fy ngalw unwaith i'w swyddfa yn y twr gan gyflwyno i mi ddyn tal oedd yn swyddog iechyd a diogelwch. Roedd hwnnw am atal yr orymdaith fawr o bencampwyr yn y cylch am ei fod o'r farn nad oedd y trefniadau diogelwch yn ddigon cadarn. Wedi cryn ddadlau, dyma Alan yn ddweud wrtha i am fynd 'nôl ar y meic a chyhoeddi wrth y dorf na fyddai'r orymdaith fawr yn mynd yn ei blaen oherwydd y dyn hwn. Ac wrth i mi adael dyma fe'n troi at y swyddog a dweud: 'Gwell i ti ddechrau rhedeg cyn i'r dorf gael ei dwylo arnat ti.' Newidiodd y swyddog ei feddwl yn syth ac aeth yr orymdaith yn ei blaen yn ôl yr arfer.

Erbyn hyn mae'r Sioe wedi symud ymlaen gymaint fel bod ganddi ei swyddog diogelwch ei hun, sy'n cydweithio'n agos iawn â'r corff swyddogol. Mae Alan hefyd, druan, wedi marw gan adael ar ei ôl ei enw ar gloc y tŵr i'n hatgoffa am un o weision mwyaf dyfeisgar a dycnaf y Sioe Fawr. Roedd yn ŵr a osododd lwybr clir i ni i'w ddilyn, ac yn un y bydd llawer ohonom yn cofio amdano weddill ein hoes.

Ond doeddwn i ddim yn fodlon ei ddilyn bob tro, chwaith. Aeth hi'n frwydr fawr rhyngom un tro wedi iddo ddweud wrtha i na chawn fynd yn agos at y tŵr na'r cylch mawr heb wisgo het fowler. Er cymaint fy mharch tuag ato, dywedais heb flewyn ar fy nhafod, *'No way!'*, mai traddodiad cwbl wrth-Gymreig oedd hyn, ac na wisgwn het galed ond ar ddydd angladd y Sioe. Do, bu'n dipyn o frwydr, ond o'r diwedd derbyniodd Alan y ddadl a chefais lonydd a pharch ganddo am lynu wrth fy egwyddorion. Rwy'n falch o weld fod Prif Weinyddwr presennol y Sioe, David Walters, sy'n Gymro pybyr, hefyd wedi mynnu gwneud yr un fath. Beth ddywedai Llew Phillips, tybed, am ein hystyfnigrwydd?

Rhyfedd, dros gwrs y blynyddoedd, fel mae'r Sioe wedi treiddio i mewn i wythiennau rhywun, a finne bellach yn rhyw dipyn o Gadeirydd y Pwyllgor Rhaglen heb fedru meddwl am golli'r achlysur blynyddol. Hyderaf hefyd i mi lwyddo i gadw addewid i'r diweddar annwyl Llew Phillips i gadw'r Sioe yn ddwyieithog, gan roi ymdeimlad Cymreig i'r miloedd sy'n llifo drwy'r pyrth bob blwyddyn.

Carreg filltir bwysig i mi oedd y flwyddyn 2004, pryd y dathlodd y Sioe ei phen-blwydd yn gant oed. Wedi peth trafod ar sut i ddathlu, daethpwyd i'r penderfyniad y dylid cynnal math ar basiant yn olrhain hanes amaethyddiaeth a'r bywyd gwledig dros y ganrif. Roedd hwn yn benderfyniad a olygai fod nifer o bobol yn gorfod gweithio'n galed i hel hen offer, gwahanol greaduriaid a gwisgoedd o'r cyfnod i gyfleu'r datblygiad dros gyfnod mor sylweddol o amser. Penderfynwyd hefyd ar y Capten Parker fel y pen bandit ar gyfer rhoi trefn ar y cyfan, fel bod modd sicrhau bod yr holl agweddau'n llifo'n esmwyth i mewn ac allan o'r cylch mawr. Ar ben hyn penderfynwyd y câi'r pasiant ei gynnal bob nos ar yr un amser, sef saith o'r gloch, pan fyddai modd clirio'r cylch o bob cystadleuaeth.

Roedd y Capten wedi cynnal amryw o ddigwyddiadau mawr o'r blaen, ond rhai'n bennaf yn ymwneud â'r Lluoedd Arfog. Rhoddodd amser sylweddol i mewn i'r gwaith, ond teimlaf iddo sylweddoli fod trin plant a phobol o bob cefndir yn llawer anoddach na thrin aelodau o'r Lluoedd Arfog a oedd yn gyfarwydd ar wrando ar orchmynion. Ni fu'r ffaith i rai oedd i fod i gymryd rhan fynd ar goll ar brynhawn Sul yr ymarfer terfynol yn fawr o help, chwaith. Yn wir, gwnaeth hynny e'n reit ddrwg ei dymer. Ar ddiwedd yr ymarfer cefais alwad i'w swyddfa lle gofynnodd am gopi o'r sgript y byddwn yn ei defnyddio fel sylwebydd y diwrnod canlynol. Pan esboniais wrtho na fyddwn byth yn defnyddio sgript, aeth yn gandryll o'i gof. Ond daeth pethau i drefn wrth i mi dywallt dau wydryn o wisgi yr un i ni a'i berswadio i eistedd i lawr. Erbyn yr ail wydryn roedd y Capten a'r Cardi ar lawer gwell telerau, a thrwy lwc a bendith llifodd y pasiant yn esmwyth o flaen miloedd o bobl am bedair noson yn olynol. Rhaid bod trafod gwerin Cymru ar Faes Llanelwedd wedi profi i fod tipyn yn wahanol iddo o'i gymharu â chael lluoedd yr Ymerodraeth i fartsio ar Horse Guards' Parade.

Er hynny, cofir yn hir am ei ymdrechion glew i sicrhau trefn ac urddas, a bu gweld gwerin gwlad yn portreadu can mlynedd o hanes yn fodd i dynnu deigryn o sawl llygad a chreu tawelwch llethol ymysg cynulleidfa o filoedd.

Fel y Sioe, rwyf innau bellach wedi camu i mewn i ganrif newydd ac at lawer her newydd, mae'n debyg. Ond gwn, er llawer tro chwithig a llawer o chwysu ar brydiau, fy mod i wedi gwneud ffrindiau lu – a'r cyfan wedi deillio o gyfarfod â Llew Phillips ar Faes Sioe Aberystwyth yn 1977. Ie, blwyddyn y ddwy gaib, a doedd dim amdani wedyn ond dal i geibio ymlaen.

Tipyn o Deithio

Cofiaf fel ddoe y prynhawn y galwodd Lyn Ebenezer yn y Plas ym Machynlleth i'm gweld. Roedd Lyn ar y pryd yn gweithio i raglen deledu *Hel Straeon* ac ar drywydd cystadleuaeth yn America (ble arall) ar gyfer dynion â phennau moelion. Y gobaith oedd cael tîm o dri gyda phob aelod i wisgo crys coch yn cario'r geiriau 'Moelion Gwalia' ar ei gefn. O fynd, rhaid fyddai teithio i Morehead City, enw perffaith ar Brifddinas Pennau Moelion y Byd.

Trwy lwc, roedd pennaeth y Bwrdd Hyfforddi ar y pryd yn Sais, ac wrth ofyn iddo am wythnos i ffwrdd o'm gwaith ni soniais wrtho am bennau moelion nac am gystadleuaeth, dim ond fy mod wedi cael gwahoddiad i ymddangos ar raglen deledu a oedd i'w ffilmio yn America. Wedi derbyn caniatâd, rhoddais wybod i Lyn fy mod am fynd, yn enwedig o glywed ganddo mai hen ffrind, John Jones, Nantllwyd, fyddai'r trydydd aelod o'r tîm. Roeddem i gyfarfod yn Abertawe ar gyfer teithio i Lundain ac ymlaen am yr awyren, a threfnodd John a finne i gwrdd y tu allan i'r Talbot yn Nhregaron, a hynny tua phump o'r gloch y bore.

Wrth i ni nesáu am Dafarn Jem, sylwais ar gysgod yn ymddangos o'r clawdd, a chyn i mi fedru stopio clywais glec a achosodd i John neidio o'i sedd. 'Uffern,' oedd ei ymateb, 'rwyt ti wedi hitio eliffant!' Credaf i'r ergyd gael ei chlywed yr holl ffordd yn ôl i Lambed. Beth bynnag, o fynd allan gwelwn dolc fel cwt ci ym mhen blaen y car ac anferth o fochyn daear yn gorwedd o dan y car. Bu'n gryn drafferth ei gael allan, ond llwyddwyd yn y diwedd ac ailgychwyn. Trwy lwc, er bod y car yn edrych yn ddrwg, roedd hi'n dal yn bosibl ei yrru. Ond teimlai'r ddau ohonom, os âi pethe'n waeth, nad gwallt fyddai'r unig beth a gâi ei golli.

Llwyddwyd i gyrraedd Abertawe, ac wedi cwrdd â Lyn, a'r trefnydd, Ann Fôn, dyma gychwyn am Lundain a'r hwyl dipyn yn well. Cyrhaeddwyd America'n ddigon diffwdan a chwrdd â threfnydd yr ŵyl, John T. Capps. Credaf na welais ddyn gwirionach erioed. Roedd yn clebran yn ddi-baid. Roedd ei ben yn gwbl foel heb unrhyw flewyn yn unman, gyda'r canlyniad i John ddisgrifio'i ben fel wy twrcen. Pan gyrhaeddwyd pen y daith yn Morehead City yng Ngogledd Carolina, canfuwyd fod y lle yn llawn o foelion, llawer ohonynt wedi teithio rhai cannoedd o filltiroedd o bob rhan o America.

Bu'n wythnos fywiog, a dweud y lleiaf, gyda'r cystadlu'n frwd a Chymru'n cael ei dyfarnu fel y tîm gorau. Ychydig iawn a freuddwydiais pan ddechreuais golli fy ngwallt y byddai hynny'n rhoi cyfle i mi, rhyw ddydd, i deithio i bellafoedd byd, gwisgo crys coch Cymru a chwrdd â llond neuadd o bobl ddwl gyda'i gilydd!

Fodd bynnag, roedd un sioc arall yn aros amdanom. Ar ôl treulio noson yn Efrog Newydd cyn troi am adre, a chyrraedd y maes awyr ar gyfer dal yr awyren, sylweddolodd John, druan, iddo adael ei fag yn y tacsi, a hwnnw'n cynnwys ei basport. Bu'n dipyn o le wrth y ddesg cyn llwyddo i gael John ar yr awyren, a chredaf mai ymdrechion Ann fu'n llwyddiannus yn y pen draw. Serch hynny, cyn caniatáu iddo gael teithio bu'n rhaid cysylltu â'r Arglwydd Geraint o Bonterwyd, a oedd yn Nhŷ'r Cyffredin ar y pryd fel Aelod Seneddol Sir Aberteifi, a chael hwnnw i addo dod allan i'r maes awyr i sicrhau'r awdurdodau mai John Nantllwyd oedd y dyn heb basport, a neb arall.

Nawr, petai Jimmy Carter yn dal yn Arlywydd America ar y pryd, ni fyddem wedi cael unrhyw drafferth. Roedd hwnnw wedi galw yn Nantllwyd pan oedd ar ymweliad â Chymru ychydig amser cyn hyn. Rwy'n siŵr y byddai'r Arlywydd Carter wedi'n gwahodd i'r Tŷ Gwyn nes bod y trafferthion wedi'u datrys. A meddyliwch nad oedd neb yn y maes awyr yn Efrog Newydd yn adnabod John Nantllwyd, ger Soar-y-mynydd! Wnâi hynny byth ddigwydd yng Nghymru. Ond er gwaetha'r holl drafferthion, fe gododd y trip hwnnw awydd ynof i deithio'n ehangach a chael gweld mwy o'r hen fyd yma cyn mynd yn rhy hen.

Fel y nodais eisoes, roeddwn i wedi cael y cyfle i deithio Ewrop a Sgandinafia yn ôl yn yr wythdegau, diolch i Ysgoloriaeth Churchill, ond nawr, ar ôl croesi Môr Iwerydd, daeth ysfa i deithio mwy. Pan oeddwn i yn yr ysgol yn Nhregaron, yr athro Daearyddiaeth oedd E. O. Griffiths, neu yr EOG, fel y galwem ni'r disgyblion ef. Roedd un o'r disgyblion unwaith wedi cyfansoddi rhigwm y byddem ni i gyd, y da a'r drwg, yn ei adrodd:

Mae eog yn yr afon,
Mae eog yn y lli,
Mae EOG yn yr ysgol
Yn dysgu jograffi.

Athro annwyl iawn oedd yr EOG, ac yn un o'r gwersi cyntaf i ni erioed ei derbyn ganddo cawsom gyfrol gan A. G. Street i'w hastudio. Llyfr oedd hwn a soniai am brofiadau'r awdur yng Nghanada pan oedd yn ifanc. Soniai am y gaeafau oer a chaled, ac fel y cofiai weld mochyn gyda'i gynffon wedi rhewi wrth wal y twlc, a'r creadur, wrth geisio'i ryddhau ei hun, yn gadael ei gynffon ar ôl yn sownd wrth y wal. Soniai hefyd am yr eangderau ac am feithder y caeau ŷd, a rhyddid y gwartheg i ddilyn eu trwynau i chwilio am fwyd, gan godi rhyw hiraeth arnaf i fynd i'r wlad bell honno.

Flynyddoedd yn ddiweddarach, pan oedd gen i ychydig rhagor o geiniogau yn fy mhoced, dyma ymuno â charfan o bobl a oedd â'u bryd ar deithio ar draws y wlad anferth o Montreal yn y dwyrain i Vancouver yn y gorllewin. Roedd Montreal, er mawr syndod i mi, bron yn gyfangwbl o dan y ddaear oherwydd yr oerfel a'r rhew trwm yn ystod misoedd y gaeaf. Rhyfeddais at y fath ddyfeisgarwch wrth sylwi bod y pridd a'r creigiau a symudwyd wrth gloddio wedi eu defnyddio i godi ynys gyfan ar afon St Laurence. Ar yr ynys hon heddiw cynhelir rasys ceir, ac wrth edrych arni prin y gall neb ddychmygu mai ynys artiffisial yw hi.

Aeth y daith â mi drwy Toronto a Quebéc. Ac yn Toronto dyma esgyn i fyny i ben y Tŵr enwog mewn deng eiliad ar hugain a mynd braidd yn benysgafn wrth edrych i lawr o'r fath uchder. Ni allwn ond edmygu adeiladau mawreddog Quebéc, gyda'r ddwy iaith – Ffrangeg a Saesneg – yn cyd-fyw'n llwyddiannus. Gwrando wedyn ar ruthr dyfroedd Niagara a rhyfeddu at yr ysblander a grëwyd heb fawr o help gan ddyn, a chael teithio ym merw'r dŵr ar y cwch *Maid of the Mist.* Hedfan wedyn i Calgary a theithio drwy wlad fu unwaith yn gartref i'r Indiaid Cochion, ond erbyn hyn nid y bufflo a welir yno ond yn hytrach llond y tir o wartheg.

Cyrraedd y Rockies, lle'r oedd rhew, eira, creigiau a rhaeadrau'n cystadlu am sylw. Cael teithio wedyn mewn bws ac iddo olwynion arbennig ar gyfer teithio dros fynydd, a maes o rew dros filltir o ddyfnder. Yna sefyll ar y rhew a llowcio dŵr oedd yn rhedeg allan o ffynnon ym mherfeddion y rhewlif. Yng ngeiriau Eirwyn Pontshân, 'Hyfryd Iawn!'

Gan ddiweddu yn Vancouver, cawsom gyfle i weld gerddi Bouchard ar Ynys Victoria. Yma roedd anferth o hen chwarel wedi'i throi'n erddi gwahanol, pob gardd unigol yn adlewyrchu nodweddion gwahanol wlad. Gwnaed ffrindiau newydd hefyd, sef Cymry o Gaerfyrddin – Egwad a Dora Evans – y ddau wedi teithio llawer gyda ni wedi hynny.

Oeddwn, roeddwn yn bendant wedi cael yr ysfa i deithio. Un o'r gwledydd y bûm yn meddwl amdani dros y blynyddoedd oedd De Affrica – gwlad y gwres a'r llwch, ac eto gwlad sy'n cynnal nifer fawr o ffermydd. Syndod i mi oedd deall fod y wlad yn bumed ar restr poblogaeth defaid y byd. Tynfa arall oedd mai yno hefyd roedd un o ffrindiau coleg Mari'n byw ac wedi priodi ffermwr. Byddem yn cael llythyr maith oddi wrthi bob Nadolig yn sôn am y fferm a'r teulu ac am fywyd y wlad.

Felly dyma drefnu ymweliad, gan hedfan allan i Johannesburg a theithio ar draws y wlad. Y syndod mawr i mi oedd yr amrywiaeth tirwedd a golygfeydd a geid yno – golygfa wahanol wrth droi pob cornel bron. Gweld cnydau'r ffermydd siwgr yn tyfu'n uchel a darnau o'r planhigfeydd yn cael eu llosgi – cyn deall mai'r rheswm dros hyn oedd gyrru'r llygod mawr allan cyn torri'r cnwd. Wrth aros am egwyl yn Pilgrim's Rest, hen dref y gweithfeydd aur, dyma ddod ar draws mynwent ac ar y cerrig beddau enwau pobol o bob rhan o Gymru, pobol ddewr a droediodd wlad y Zulu er mwyn ceisio dod o hyd i aur gan drengi ymhell o sŵn hen wlad eu tadau.

Cawsom gyfle i oedi ac edrych ar ffermydd ffrwythau, ac yna gweld gweddill y ffrwythau oedd heb eu derbyn y diwrnod hwnnw'n cael eu gwerthu gan y bobol dduon wrth ochr y ffordd. Credaf i mi fwyta mwy o ffrwythau mewn tair wythnos nag mewn tair blynedd adref. A sôn am ffrwythau gwahanol, roedd ymhlith ein criw teithio ni glamp o foi mawr o ogledd Lloegr – y bwytwr mwyaf a welais erioed. Yn y bore, y drefn oedd i bawb helpu ei hun – amrywiaeth o ffrwythau i gychwyn, ac yna bacwn a wyau a mwy na digon o dost. Yn fuan ar y gwyliau roedd y boi yma a'i wraig wedi codi gwrychyn pobl gan ruthro at y bwyd o flaen pawb. Fel roedd y trip yn mynd yn ei flaen roedd bron pawb yn eu casáu, yn enwedig wrth weld y boi yn mynd yn ôl am ddau neu dri brecwast. Daeth diwedd sydyn ar hyn wrth i ni deithio eangderau Rourke's Drift pan gafodd ei daro gan y dolur rhydd. Aeth dyddiau heibio wrth iddo orfod eistedd yn ymyl y lle chwech cyn gwella, ac ni welwyd bod yr un archwaeth ganddo at frecwast ar ôl hynny.

I mi roedd ymweld â gwarchodfa Mala Mala a Pharc Cenedlaethol Kruger yn agoriad llygad ac yn gyfle i fynd allan yn y nos yn ogystal â'r dydd. Ni welais erioed gymaint o anifeiliaid gwyllt. Cyn cyrraedd Cape Town i orffen y daith, dyma alw mewn fferm estrysiaid a chael cyfle i farchogaeth yr aderyn. Wrth weld sawl un yn syrthio, dyma fentro ar gefn un o'r adar a bod yn ddigon ffodus i aros yn fy lle a mynd o gwmpas y trac. Wedi dod yn ôl at y grŵp sylweddolais fod gennyf gwmni – roedd y deryn yn berwi o chwain. Bûm yn reit anghysurus nes cyrraedd y gwesty a phlymio dros fy mhen i'r bàth.

Yn anffodus, ni chafodd Mari weld ei ffrind gan i wyres iddi gael ei chymryd yn wael ac iddi orfod hedfan draw at y ferch i'w helpu. O ganlyniad, dim ond sgwrs fer gafodd y ddwy ar y ffôn.

Yn Cape Town, wrth sefyll ym mar y gwesty un noson, bûm yn ffodus i gwrdd â gŵr ifanc tywyll ei groen oedd wedi dychwelyd o Brydain ers chwe mis. Er iddo dalu i'r llywodraeth am ei gwrs coleg ym Mhrydain, roedd yn rhaid iddo weithio am dair blynedd yn ddi-dâl. Roedd wedi dewis gweithio mewn *shanty town* anferth y tu allan i'r ddinas. Cefais wahoddiad i'w ganlyn o gwmpas ei waith drannoeth a bu'n un o brofiadau mawr y daith. Wrth sefyll ar Table Mountain uwchlaw'r dre, ni allwn lai na myfyrio ar anghyfiawnder gwlad lle trigai tlodion ochr yn ochr â'r holl gyfoeth – a hynny o fewn golwg i Robben Island, lle carcharwyd Nelson Mandela.

Y daith nesaf oedd i Malaysia, a hynny'n bennaf am fod tad Mari wedi bod yno am flynyddoedd yn gweithio yn y diwydiant rwber. Ymysg y teithwyr roedd nifer o hen filwyr a fu unwaith yn ymladd yn y wlad. Rhaid oedd hedfan allan i Kuala Lumpur, a'r gwres yn ein taro wrth i ni gerdded oddi ar yr awyren ac ar draws y maes awyr. Dyma wlad y Mosg a'r temlau hardd, yn cynnwys palas brenin y wlad, ynghyd ag ychwanegion modern fel y Petronas Twin Towers. Efallai mai'r syndod mwyaf yn ystod y dyddiau cyntaf oedd gweld yr holl farchnadoedd stryd, yn enwedig gyda'r hwyr, a sŵn oeraidd yr hwter yn galw amser addoli. Ond cawsom siom wrth ymweld â'r hen goedwigoedd rwber a gweld bod y diwydiant bellach yn ildio i ddefnyddiau synthetig a llawer o'r planhigfeydd wedi eu hailblannu â choed palmwydd a choed tîc. Ni allwn lai na rhyfeddu, serch hynny, sut roedd rhywun fel tad Mari wedi medru gweithio a byw yn y fath wres.

Daeth yn amlwg fod sawl gwareiddiad yn cyd-fyw yma (a hynny'n hapus, fel yr ymddangosai i ni fel dieithriaid, o leiaf), gyda'r gwahanol demlau a mosgiau ym mhobman. Gwelid hyn hefyd yn y gwahanol fwydydd a gwisgoedd. Trwy lwc, daeth cyfle i symud o'r gwres eithafol wrth i ni deithio i fynyddoedd y Cameron Highlands. Ar y llechweddau serth tyfai llysiau a ffrwythau bendigedig, a hynny'n bennaf oherwydd y tywydd braf gyda stormydd ysbeidiol o fellt a tharanau'n cylchdroi yn y mynyddoedd. Gwelais fresychen anferth y gallwn fod wedi cysgodi rhag y cawodydd oddi tani. I ffermwr fel fi, erys y tyfiant eithriadol yn yr ardal fynyddig yno yn hir yn y cof.

Ar ein ffordd i Penang rhaid oedd teithio drwy blanhigfa ar ôl planhigfa o lwyni te – a'r rhain eto'n tyfu ar lethrau serth y mynydd. Yng nghanol y llwyni gwelwyd sawl merch gyda basged fawr ar ei chefn yn cynaeafu'r dail cyn eu hanfon i ffatri i'w trin. Ymysg y criw y tro hwn roedd un aelod yn sefyll allan o'r cychwyn cyntaf. Roedd hwn eto'n digwydd bod yn Sais, ac er ei fod yn hen foi iawn roedd yn rhaid iddo, bob tro y byddem yn symud, wneud rhyw ffws fawr o'i ddau gês. Roedden nhw, rhaid dweud, yn rhai smart iawn a'r claspiau mawr yn sgleinio yn yr haul. Ni chai yr un porthor gyffwrdd â nhw, a byddai ef a'i wraig yn eu cario eu hunain i mewn ac allan o bob gwesty. Beth bynnag, a finne'n swpera yn Penang ac yn teimlo'n gythreulig o boeth hanner ffordd drwy'r pryd bwyd, dyma fi'n penderfynu picio i fyny i'r ystafell wely i newid i grys ysgafnach. Gwelais fod y drws ar agor, y cês wedi'i symud a rhywun yn amlwg wedi ceisio'i agor. Pan ddaeth aelod o staff y gwesty ataf daeth yn amlwg fod stafell fy ffrind drws nesa a stafell y Sais wedi'u hagor hefyd. Canfuwyd fod dau gês y Sais druan yn ufflon a nifer o eitemau aur ac arian wedi'u dwyn. Collodd fy ffrind rhyw fanion hefyd, a'r tebygrwydd oedd fy mod wedi tarfu ar y lladron wrth ddod yn ôl yn gynt na'r disgwyl.

Roedd y Sais wedi diflasu'n llwyr, a'r noson honno bu'n rhaid mynd â'r creadur i'r ysbyty am driniaeth. Yn ffodus, erbyn y bore llwyddodd i ailymuno â'r criw. Fe gafodd ddau gês newydd gan y gwesty, ond nid oedden nhw'n agos at fod mor smart â'r lleill. Rhyfedd meddwl i'r Sais a finne wneud rhywbeth yn debyg wedyn drwy archebu siwt yr un: cael ein mesur yn y bore a'i chael yn barod erbyn pump yr un prynhawn. Gwisgodd y Sais ei siwt yn syth, ond fe wnes i drefniant i'w hanfon yn syth gartre. Yn Penang roedd y dewis o ddefnyddiau yn anhygoel a phob siop ddillad yn barod i gychwyn gwneud y dilledyn yn syth.

Yn ddiweddarach yn y flwyddyn honno roedd Mari a finne'n dathlu deugain mlynedd o fywyd priodasol ac, fel Cardis da, yn hytrach na lluchio pres ar barti, dyma benderfynu treulio wythnos ym Malta, neu Melita. Gan fod hyn ym mis Tachwedd roedd tymheredd y wlad yn hyfryd, roedd Saesneg yn ddealladwy ym mhobman a'r gwesty a'r bwyd yn wych. Nid yw Melita'n ynys fawr; mae'r brifddinas, Valletta, yn frith o adeiladau hanesyddol a'r drafnidiaeth gyhoeddus yn arbennig o dda. Mae'n lle delfrydol i fynd ar wyliau byr.

Er mor greigiog a charegog oedd y tir, roedd yno ffermio llewyrchus, a hynny'n digwydd ochr yn ochr â diwydiant trwm. Cafwyd cyfle hefyd i deithio i ynys Gozo, sydd ychydig yn llai ond yr un mor hanesyddol ei hawyrgylch, gyda theml o gerrig sy'n profi cadernid rhai adeiladau cyn-hanesyddol. Yma eto roedd amaethyddiaeth a physgota'n llewyrchus. Dyma'n sicr oedd y ddau ddiwydiant pwysicaf yno. Er mai byr fu ein hymweliad, dangosodd Melita drwy ei chroeso, ei bwyd hyfryd a'i hwylustod wrth deithio, ei bod yn lle delfrydol ar gyfer treulio egwyl dawel a diddorol.

Byth oddi ar Sioe'r Royal Welsh yn Aberystwyth yn 1957, ac yn enwedig wrth wylio'r cneifiwr Godfrey Bowen wrth ei waith, bûm yn breuddwydio y byddwn rhyw ddydd yn teithio i Seland Newydd. Gwnaed hynny'n haws wrth i'n ffrindiau Dora ac Egwad Evans o Gwmgwili benderfynu dod gyda ni. Hedfanodd y pedwar ohonom i Auckland, a hynny heb flino er gwaethaf meithder y daith. Hon, yn yr iaith frodorol, yw Gwlad y Cwmwl Hir Gwyn. Ac o'r olygfa gyntaf, gwyddem na chaem ein siomi.

Aethom yn gyntaf i fyny i'r Sky Tower gan edrych allan dros y bae a'r ddinas. Er mawr lwc i ni, roedd y bae y diwrnod hwnnw'n llawn o gychod hwylio moethus ar gyfer cystadleuaeth ras yr Americas Cup. Ar y nos Sul cyn dechrau teithio, dyma fynd allan i chwilio am fwyd a chael mai dim ond un bwyty – un Tseinïaidd – oedd yn agored. Nid oedd yr un o'r staff yn deall Saesneg ac roedd pob eitem ar y fwydlen yn yr iaith hefyd. Dyma archebu, felly, gan feddwl y byddem yn cael rhywbeth yn debyg i'r hyn oedd ar gael yng Nghymru. A'r fath sioc gawsom ni pan gyrhaeddodd y bwyd – un ddysgl fawr ar ôl y llall; ie, digon i borthi pymtheg o bobol! Trwy lwc, ni chawsom yr un broblem ar ei ôl.

Fore trannoeth, dyma ddechrau teithio er mwyn cael gweld Ynys y Gogledd, ac yn fuan daeth yn amlwg ein bod mewn gwlad ddigon tebyg i Gymru ond ar raddfa lawer mwy. Roedd rhai o'r ffermydd mor anghysbell fel bod y ffermydd 'nôl yng Nghymru'n ymddangos fel petaent ar drothwy'r trefi. Gan fod llawer o'r plant yn lletya yn y dref yn ystod yr wythnos, er mwyn mynychu'r ysgol, teg gofyn faint ohonynt, tybed, fydd yn fodlon mynd yn ôl i weithio'r tir ar ôl gadael yr ysgol?

Teithiwyd bob dydd tua'r gogledd gan weld tiroedd amaethyddol bob ochr o'r ffordd, a defaid a gwartheg fel cyrens mewn cacen dros y lle; perthi o wair pampas yn chwarae yn y gwynt a'r lili wen yn tyfu'n wyllt ym mhobman. Cyrraedd Cape Reinga, y pegwn mwyaf gogleddol, a gweld dau fôr yn cyfarfod, sef y Tasman a'r Môr Tawel.

Aethom i lawr ar hyd ochr arall yr ynys a chael cyfle i dywod-fyrddio, a finne'n ddigon dwl i sgrialu fel crwtyn bach a dim ond llwyddo i osgoi taro'r bws ar yr eiliad olaf. Cyfle wedyn i gael golwg ar Fae'r Ynysoedd, a'r bws yn teithio ar y tywod am filltiroedd lawer. Roedd amgueddfeydd ym mhobman, ac mewn tref fach o'r enw Clapham roedd adeilad yn llawn clociau. Rhyw Sais oedd wedi eu casglu a'u cyflwyno i'r dre er mwyn denu ymwelwyr – ac 'Arch' oedd ei enw canol! Rhaid fod hwnnw, fel finne, yn ystyried fod amser yn bwysig iddo! Symud ymlaen a chyrraedd Rotorua, ac oglau brwmstan yn amlwg ymhell cyn i ni gyrraedd y dre. Hon oedd mangre gysegredig y Maori, gyda'r ffynhonnau poeth yn saethu i'r awyr a stêm dros bobman. Yma cawsom fwynhau gwledd draddodiadol y brodorion, yr Hangi, ynghyd â chyngerdd gwerth chweil. Roedd hwn yn gyfle i werthfawrogi eu traddodiadau a gweld eu crefftau.

Ond rhaid oedd symud eto a chael cyfle i deithio ar drên, y Trans Alpine, rheilffordd uchaf Ynys y De. Wrth ddisgyn i lawr Arthur's Pass gwelwn wastadedd Canterbury yn ymestyn fel môr gwyrdd o'n blaenau. Yma roedd defaid cyn amled â phryfed, ac yn sicr bu'n brofiad gwerth chweil gweld mil o wartheg godro'n cerdded yn hamddenol tua thre adeg godro.

Rhaid oedd aros i gael golwg ar Fynydd Cook a theithio mewn gondola rhwng daear a nef uwchlaw tre Queenstown. Codi eto cyn cŵn Caer y bore wedyn a theithio i Swnt Milford, ac wrth i ni ddisgwyl i nifer o deithwyr adael y cwch, dyma gyfarfod â bachgen a oedd yn enedigol o Gwm Ystwyth ac a fu'n ddisgybl yn ysgol Tregaron. Pwy ddywedodd fod y byd yn fawr?

Y noson honno, wrth gael cinio mewn gwesty, cefais brofiad newydd sbon ar ôl archebu stecen. Cyn i'r bwyd gyrraedd dyma glywed y weinyddwraig yn rhybuddio'r Saesnes ar y bwrdd nesa atom, 'Please don't touch the stone.' Wrth ymyl y garreg lafa eirias ar ei bwrdd roedd hanner cyw iâr amrwd. Roedd y Saesnes yn gandryll a dyma hi'n galw'r ferch yn ôl a dweud, 'Look, my chicken is raw!' 'You cook it as you like it, madam,' atebodd honno, gan droi oddi yno. Pan ddaeth fy stecen i, es ati i'w choginio fel pe byddwn yn hen gyfarwydd â gwneud, er i mi ddiolch yn dawel bach wrthyf fy hun i'r Saesnes am greu'r fath stŵr.

Wedi hir deithio, dyma gyrraedd dinas Christchurch, a diwedd ein taith. Dyma'r ddinas brydferthaf yn y wlad i gyd, mi dybiaf, a chawsom aros yno am dridiau. Ar yr ail ddiwrnod roeddwn yno'n eistedd ar y sgwâr yn meddwl a oedd gen i amser am lymaid cyn i Mari ddod allan o ryw siop gyfagos. Wrth i mi godi o'r fainc clywais lais ar draws y sgwâr yn gweiddi: 'Shwma'i, Charles!' Pwy oedd yno ond un o ferched Ian Huws o'r Bont, a oedd allan ar daith ar draws y wlad. Er mor falch yr oeddwn o'i gweld, meddyliais beth a wnawn petawn i yno gyda gwraig rhywun arall! Byddai hynny wedi bod yn 'fair cop', myn diawl i!

Erys atgofion melys am y wlad, ac ni allaf lai nag eiddigeddu wrth y bobl ifanc o Gymru sy'n mynd i gychwyn ffermio yno. Rhwydd hynt iddynt!

Pan oeddwn ar drip tridiau yng Ngwlad Pwyl rhyw bedair blynedd yn ôl, yn ymweld â hanner dwsin o ffermydd, gwelais olion o'r hen drefn gomiwnyddol ac fe gododd hynny awydd ynof i fynd i Rwsia. Roeddwn yn awyddus i weld a oedd rhagor o ryddid wedi gwneud unrhyw wahaniaeth i'r wlad fwya yn y byd. Gymaint yw ei maint fel i ni orfod newid yr amser ar ein watsys bedair gwaith wrth deithio drwyddi.

Wrth deithio drwy Wlad Pwyl ar y ffordd yno y tro hwn, gwelwn arwyddion pendant o symud ymlaen a synnu hefyd at y sglein oedd ar y ffermio yn Belarus dros y ffin. Ond wrth gyrraedd y ffin â Rwsia cafwyd arwydd cynnar o'r hen drefn pan fu'n rhaid i ni aros am bum awr cyn cael caniatâd i groesi. Yn fuan wedyn gwelwn arwyddion o dir amaethyddol da ond fod y dulliau a'r offer yn sobor o henffasiwn. Roedd cyflwr gwael a bregus yr adeiladau'n arwydd pellach mai'r henoed oedd ar ôl yn gweithio ar y tir. Edrychai llawer o'r tai yn rhy fregus i ddal gaeafau caled.

Daeth yn stop sydyn arnom ar yr ail ddiwrnod wrth i yrrwr y bws gael ei stopio am yrru'n rhy gyflym. Yn ffodus, roedd ein tywysydd yn rhugl yn yr iaith a deallwyd y byddai rhoi cil-dwrn i'r heddwas yn datrys y broblem.

Wedi gweld cynifer o adeiladau bregus, ac amaeth-yddiaeth ar drai, roedd cyrraedd Moscow a gweld yr adeiladau mawreddog ym mhobman yn dipyn o sioc.

Cafwyd gwesty hyfryd, ond rhaid oedd bod yn gyson wyliadwrus rhag lladron bagiau a phoced. Bu ond y dim i un wraig golli ei bag wrth y bwrdd brecwast. Roedd hynny hefyd yn broblem ar y strydoedd. Roedd y fasnach ddu yn ffynnu yno, a rhywun ar bob cornel yn cynnig cotiau ffwr, sigaréts a chafiâr yn rhad. Gallai rhywun feddwi'n gaib bob dydd ar yr holl fodca a gynigid.

Rhaid, serch hynny, edmygu harddwch y Sgwâr Coch (y 'coch', gyda llaw, yn golygu harddwch, nid comiwn-yddiaeth). Yn y nos, edrychai'n arbennig o hardd gyda'i oleuadau lliw anhygoel a'i batrymau cain. Golygfa i'w chofio oedd honno o'r gwarchodwyr yn cyfnewid lle ger y Kremlin, a'r milwyr yn martsio fel gwyddau'n dioddef o losg eira. Er bod croeso i ni fynd i mewn i'r Kremlin, chaem ni ddim mynd i bobman chwaith, dim ond i'r mannau lle caniateid i ni fynd gan ein tywysyddion: roedd hi'n amlwg na chaem weld dim ond yr hyn roedd yr awdurdodau *am* i ni ei weld.

Cafwyd golygfeydd mwyaf trawiadol wrth i ni ddisgyn i lawr i reilffordd y Metro, fel petaem mewn rhyw balas tanddaearol. Roedd y lle'n lân ac yn sgleinio, gyda ffresgoau ynghyd â lluniau Art Deco ar y muriau, canhwyllyron yn hongian o'r to a cherfluniau mewn cilfachau yn y waliau'n adlewyrchu'r gwahanol ddiwydiannau. Yn wir, teimlad rhyfedd oedd gweld trên yn ymyrryd â'r fath olygfa. Mewn gwrthgyferbyniad llwyr, anodd oedd dygymod â'r fflatiau concrit, nid annhebyg i gytiau cŵn, a godwyd yng nghanol Moscow ar gyfer cartrefu'r werin. Yn yr archfarchnadoedd a sefydlwyd yn y blociau hyn roedd digon o fwyd i'w weld ar werth, ond bron iawn y cyfan wedi'i rewi. Fedren ni ddim disgyn o fws neu dacsi heb i o leiaf hanner dwsin neu fwy o bobl ein hamgylchynu a cheisio gwerthu rhywbeth i ni.

Eto, roedd llawer yn y wlad i'w edmygu, yn enwedig yn Novgorod, tref hynafol gwerth ymweld â hi, yn llawn eglwysi ac adeiladau hynafol eraill yn adlewyrchu gwaith crefftwyr, a'u tyrau ar ffurf nionod aur. Yna ymlaen am St Petersburg, dinas wedi'i hadeiladu ar lannau afon Neva ac a adwaenir fel Fenis y Gogledd. Yma eto gwelsom rai o adeiladau mwyaf mawreddog Rwsia, yn eu plith amgueddfa'r Hermitage. Roedd angen dyddiau o grwydro o'i chwmpas i wneud cyfiawnder â'i hapêl. Ymhlith y trysorau o'i mewn roedd llawer o greiriau drudfawr Catrin Fawr, y cyfan mewn aur ac arian a pherlau, ynghyd â llawer o beintiadau o waith yr hen feistri.

Roedd y lle'n orlawn o ymwelwyr o bob gwlad, a pherchnogion y cychod pleser ar yr afon yn gwneud ffortiwn. Dim rhyfedd fod potel o fodca ar fwrdd pob cwch. I mi, roedd sipian y stwff fel yfed paraffîn. Yn y ddinas hon hefyd roedd y Theatr Bale, a bu Mari a finne'n ddigon ffodus i sicrhau tocynnau ar gyfer perfformiad o'r *Sleeping Beauty*. Roedd hwn yn berfformiad gwych, ac ni fedrai rhywun ond dotio at y symudiadau a'r lluniau oedd yn cael eu ffurfio ac yna'n diflannu cyn ailffurfio eto. Byddaf yn trysori'r profiad o gael ymweld â Rwsia am weddill fy oes.

Un wlad a fu'n pigo'r cydwybod erioed, gan godi arnaf awydd i ddysgu am holl hanes anturus y Cymry alltud, oedd Patagonia. A do, fe ddaeth y cyfle i fynd yno yn Hydref 2005. Roedd hyn yn golygu hedfan i Fadrid yn Sbaen ac oddi yno i Buenos Aires, gan roi cyfle i ni ymweld â Rhaeadrau Iguazu. Ni welais erioed gymaint o ddŵr yn cael ei hyrddio dros greigiau ac yna'n cael ei lyncu i mewn i grombil y ddaear. Yr enw ar y fan honno oedd Llwnc y Diafol, a rhaid bod gan hwnnw gythraul o wddf i lyncu cymaint o ddŵr ar y tro!

Yn ôl yn Buenos Aires, lle cawsom aros am ddeuddydd, bu cyfle i weld stadiwm y Boca, lle cychwynnodd Maradona ar ei yrfa bêl-droed. Safai'r stadiwm yng nghanol tref *shanty*, un cwt ar ben y llall, a'r rheiny wedi'u peintio'n bob lliw dan haul. Dyma'r ddinas sy'n gartref i'r farchnad wartheg fwyaf yn y byd, a'r ganolfan orau am geffylau polo. Tipyn o le. A rhaid cofio hefyd mai dyma ganolfan y Tango – nid dawns yn unig mohoni ond canu, adrodd hanes a chwarae'r acordion yn rhythmig dros ben.

Yna dyma gychwyn ar y daith o Buenos Aires am Batagonia dros fynyddoedd yr Andes. Er ei bod hi'n wanwyn yno, roedd eira ar y copaon o hyd wrth i ni gyrraedd Esquel. Gan ein bod i aros yno am dridiau cawsom gyfle i gyfarfod ag aelodau o'r gymdeithas Gymreig, a mwynhau'r cyntaf o lawer *asado*, sef gwledd o gig wedi'i goginio o amgylch y tân. Does dim amynedd gan bobol Patagonia at y rheiny sydd ddim yn bwyta cig!

Aethom i Gwm Hyfryd – un o'r ddau gwm lle cychwynnodd y Cymry cynnar ffermio a chodi tai – ac ymweld â thref fechan Trevelin. Yno cafwyd mwy o fwyd, gan gynnwys *asado* arall. Yma hefyd y gwnaethom gwrdd â'r teulu Green, dau o'r plant wedi mynychu Ysgol Tregaron, a phawb yn siarad Cymraeg. Buom yn ymweld â chapeli'r dyffryn a chwrdd â Vincent Evans, y Gaucho Cymraeg. Cwrdd hefyd ag wyres John Daniel Evans, y gŵr a ddihangodd o grafangau'r Indiaid ar gefn ei geffyl, Malacara. Yn ddiweddarach, daeth y llwyth hwnnw'n ffrindiau â'r Cymry, yn bennaf am iddynt ddod i flasu'r bara ffres roedd y menywod yn ei grasu, a'r Cymry'n dechrau bargeinio â'r llwyth am ferlod.

Wedi sawl *asado*, a chymdeithasu gyda'r Cymry, rhaid fu symud ymlaen i Borth Madryn, lle glaniodd y *Mimosa* a lle gwelir hyd heddiw yr ogofâu fu'n gartrefi i'r Cymry am y misoedd cyntaf ofnadwy hynny yn nhrymder gaeaf. Wrth weld yr ogofâu, a sylweddoli nad oedd yma na thŷ na chysgod – dim ond y paith diddiwedd, anifeiliaid gwyllt ac Indiaid peryglus – ni fedrai neb lai na dychmygu dycnwch arbennig y Cymry a lwyddodd i oroesi.

Erbyn heddiw mae Porth Madryn yn dref hardd gyda morfilod yn chwarae allan yn y bae a'r siopau'n arddangos y Ddraig Goch uwchben eu drysau. Wrth i ni adael, cefais y teimlad nad oedd holl beryglon y môr yn ddim o'u cymharu â pheryglon y tir. Dwysaodd y teimlad hwnnw wrth i ni deithio am ddeg awr ar y bws dros y paith gwyllt. Dim rhyfedd i nifer farw wrth chwilio am ddŵr ac am dir addas i'w fraenaru. Ar ben hynny roedd yn rhaid bod yn wyliadwrus o'r Indiaid. Hyd yn oed heddiw mae'r pellter rhwng ffermydd a'i gilydd yn aruthrol. Soniai rhai o'r ffermwyr hŷn am eu cyndeidiau'n teithio am gyn hired â phum niwrnod ar hugain gyda wagen a thri cheffyl i nôl deunydd ffensio ac offer fferm. Defaid croes Merino, gwartheg Henffordd a cheffylau oedd y prif anifeiliaid, er bod gwanacos i'w gweld ar hyd y paith.

Ar ôl croesi'r paith dyma gyrraedd Trelew, tref a amgylchynnir gan ddyffryn eitha gwastad gyda'r holl dir yn cael ei ddyfrio gan rwydwaith o gamlesi. Roedd gan bob ffermwr offer trwm ar gyfer gwastoti pob cae, ar wahân i rediad graddol i un cyfeiriad, hynny er mwyn hwyluso'r dyfrio. Byddai ffermwr yn agor twll ar ochr y gamlas â rhaw er mwyn arwain y dŵr i'w dir. Yma gwelid llysiau a ffrwythau o bob math yn tyfu, a'r gwragedd wedyn yn gwerthu'r ffrwythau i siopau'r dref ar ffurf jam. Hyfryd oedd gweld ysgolion Cymraeg ar gyfer y plant lleiaf yn ffynnu, gydag athrawon o Gymru a llawer o'r Wladfa yn eu cynnal. Buom yn ymweld â chapeli, mwy fyth o Asados, ac yna, wrth gwrs, benllanw blwyddyn y Cymry – yr Eisteddfod.

Roedd yr Eisteddfod yn cychwyn gyda gorymdaith yr Orsedd yn y Gaiman, yn cael ei harwain gan ddau farchog yn cario baner fawr yr un – y Ddraig Goch a baner yr Ariannin. Trannoeth yr agoriad swyddogol, yn ôl yn Nhrelew, roedd yr Eisteddfod yn cychwyn gan redeg o ddydd Gwener hyd yr oriau mân fore Sul. Roedd y Gymanfa Ganu'n dilyn ac yna – beth arall! – *Asado* fawr i gloi. Byddai pawb, bron, a fedrai gerdded yn cyrraedd o bob rhan o Batagonia.

Erys atgofion melys iawn am Batagonia, a hefyd y syndod fod y Gymraeg yn dal yn fyw yno ar ôl cant a hanner o flynyddoedd. Tybed a fyddai mintai'r *Mimosa*, pe gwyddent am yr hyn a'u hwynebai, wedi glanio yno o gwbl? Anodd dweud. Ac mae anawsterau'n eu hwynebu o hyd, yn cynnwys gwendid eu harian, y *peso*, yn ei gwneud hi'n anodd iddynt fforddio teithio'n ôl i Gymru. Onid yw'n bryd i'n Prifwyl ni a'r Sioe Genedlaethol feddwl am ffyrdd i'w helpu i gael cynrychiolwyr drosodd bob blwyddyn?

Ar ôl y daith hir i Batagonia nid oeddem yn teimlo'r angen am daith gyffelyb y flwyddyn ganlynol. Ond wedi i'r wyna orffen dyma ddechrau meddwl am daith fer i rywle. Wedi gweld anawsterau amaethu Norwy yn 1982, dechreuais feddwl sut gyflwr oedd ar y wlad drws nesa, y Ffindir. Cychwynnwyd i fyny at Gylch yr Arctig ganol Mehefin. Er ei bod yn olau dydd am ymron bedair awr ar hugain roedd hi'n dal i fod yn ddigon oer yno i fod angen côt fawr. Gwahanol iawn yw'r gaeafau, pryd nad oes mwy na rhyw ddwy awr o olau dydd bob dydd. Pa ryfedd fod iselder ysbryd yn bla yno?

Gallwn weld yn fuan mai un o'r problemau gyda'r tir oedd ei fod yn wlyb diferol ar ôl yr eira mawr. Prin iawn oedd y cyfleoedd i ffermio yng ngogledd y wlad, ac wrth deithio i'r de sylwais fod fforestydd a llynnoedd yn gorchuddio rhannau helaeth o'r tir.

Mae hi'n wlad gymharol wastad heb unrhyw fynydd sylweddol o ran maint ynddi. Ac wrth gwrs, dyma gartre'r carw, a ffefryn y plant, Siôn Corn. Er bod yna, hwnt ac yma, enghreifftiau gwych o hen eglwysi ac adeiladau eraill, mae'r mwyafrif wedi eu codi ar ôl yr Ail Ryfel Byd. Y rheswm am hyn oedd i'r wlad gael ei goresgyn gan yr Almaenwyr adeg y rhyfel, ac o ganlyniad i'r fath wrthwynebiad gan y Ffiniaid, dialwyd arnynt. Dioddefodd y wlad o bolisi diffeithio, gyda'r adeiladau a'r cnydau'n cael eu llosgi i'r llawr gan ladd pawb ond y rhai a lwyddodd i ddianc i'r fforestydd. Truenus oedd gweld cofgolofnau dirifedi'n rhestru enwau'r rhai a laddwyd, yn ddynion, gwragedd a phlant. Un o'r rhai a'm sobreiddiodd yn llwyr oedd un a welais mewn cae wrth ochr y ffordd gyda'r geiriau ar y llidiart: 'Y Bobl Dawel'. Yno roedd tua phum cant o groesau pren wedi eu gosod, pob un yn cynrychioli un o'r lladdedigion. Roedd pob croes wedi ei gwisgo â dillad gwahanol yn dynodi plentyn, gwraig neu ddyn, ac ar ben pob croes gosodwyd tywarchen i ddynodi'r pen, gyda'r gwair yn edrych fel gwallt. Câi'r croesau eu hailwisgo bob gwanwyn a hydref. Roedd edrych arnynt ym mwrllwch diwedd dydd yn codi braw arnaf.

Wrth i ni deithio tua'r de, cynhesai'r tywydd. Roedd

ffermydd i'w gweld yn amlach ymysg y coed. Ac roedd coed yn bwysig, er mwyn cadw'r tai'n gynnes yn y gaeaf, er mwyn adeiladu ac er mwyn ymarfer gwahanol grefftau. Gwelsom un eglwys fawr wedi ei hadeiladu'n llwyr o goed, adeilad tri llawr gyda lle i ymron dair mil o bobl i eistedd ynddi. Unwaith bob blwyddyn, pan gynhelid perfformiad o opera o'i mewn, deuai cynulleidfa yno o bell ac agos.

Yn rhyfedd iawn, er bod misoedd tyfiant y wlad yn brin, roedd llysiau a ffrwythau'n cael eu tyfu ym mhobman, a cheid erwau lawer o ŷd ar bob fferm. Dyma, wrth gwrs, gartre Sibelius, y cerddor a'r cyfansoddwr, a chafwyd cyfle i weld ei gofgolofn wrth i ni deithio o gwmpas. Cyfle hefyd i hwylio i Estonia am ddiwrnod, gan ymweld â'r brifddinas, Tallinn. Roedd hon yn llawn adeiladau hynafol, a strydoedd culion yn dringo i fyny ochr bryn. Ar y sgwâr mawr yng nghanol y dref roedd marchnad brysur, a'r lle'n byrlymu o bobl.

Daeth y daith i ben gyda thridiau yn Helsinki, dinas hyfryd i deithio o'i chwmpas. Mae'r ddinas gyfan, fel y wlad ei hun, yn lân gyda digonedd o siopau ar gyfer y rheiny sy'n ddigon ffôl i wario'u pres. Eto, roedd costau byw i'w gweld yn uchel yno. Teimlad rhyfedd oedd treulio cyfnod mewn gwlad lle nad oedd gwahaniaeth rhwng dydd a nos – ac yn yr haf, yn sicr, roedd yn anodd mynd i'r gwely yno. Diddorol fyddai treulio rhai dyddiau yn Helsinki yn ystod y gaeaf er mwyn profi rhai o broblemau'r bobol wrth ymdopi â'r prinder golau dydd. Cawn weld!

Hwyrach y dylwn sôn rhywfaint eto am America, gan i mi, yn ystod y blynyddoedd diwethaf, fod yn ddigon ffodus i fynd allan yno i feirniadu'r Treialon Cŵn Defaid Rhyngwladol. Er mor anferth yw'r meysydd awyr mewn dinasoedd fel Chicago, Los Angeles, Atlanta a Dallas – a'r rheiny'n aml yn drysu rhywun wrth orfod mynd drwyddynt – mae'r cefn gwlad yn wych a llawer o'r bobl yn hyfryd i fod yn eu cwmni. Cefais fwynhau ymweliadau â Texas, a chyfle i ymweld â ransh oedd y drws nesaf i un yr Arlywydd George Bush. Dilynais hefyd, yn ystod oriau hamdden, olion rhai o'r llwybrau gwartheg y clywais sôn amdanynt mewn llyfrau cowbois ac mewn ffilmiau. Cefais ymweld â'r Alamo, lle bu'r hen John y Waun (John Wayne) a Richard Widmark yn ymladd hyd at angau yn y ffilm o'r un enw. Y rhyfeddod mawr i mi oedd gweld yr afon yno'n llifo drwy rai o'r gwestyau a'r adeiladau mwyaf. Yn wir, roedd modd bwyta pryd o fwyd a throchi fy nhraed yn y dŵr yr un pryd. Ac yna, nid nepell o'r ffin â Mecsico sylweddolais, beth oedd swyddogaeth y plismyn a adwaenir fel Border Guards, sydd wrthi ddydd a nos yn ceisio cadw'r Mecsicanwyr allan.

Wrth deithio i Dde Dakota – i feirniadu ym mhencampwriaeth America a Chanada yng nghwmni Glyn Jones o Lanarmon – cefais gyfle i weld Mount Rushmore, y mynydd lle cerfiwyd siâp pennau cyn-Arlywyddion allan o'r graig. Daw'r cyfan i'r golwg rai milltiroedd cyn cyrraedd y fangre. Dychwelyd wedyn drwy'r Badlands, a rhywun eto'n cael ei atgoffa o rai o'r hen ffilmiau a gydiodd yn nychymyg cynifer ohonom pan yn ifanc. Rhaid cydnabod i mi dderbyn croeso mawr yn y wlad bob tro. I mi does ond un bai ar yr Americanwyr, a hynny yw bod eu prydau bwyd yn rhy fawr.

Dyddiau'r Prysur Bwyso

Wrth feddwl am yr holl deithio, ac wrth edrych yn ôl ar ambell noson, byddaf yn cofio am y bore Sul hwnnw ar Benbwlch uwchlaw Ystrad Fflur, pan eisteddwn ar y glaswellt gyda Wil Roberts, Blaenglasffrwd, gan edrych allan at Aberystwyth a Bae Ceredigion. Dyma Wil yn dweud yn sydyn: 'Wel, Charles bach, mae'r ddau ohonon ni'n gweld mwy o'r wlad nag y medrwn ni byth ei theithio tra byddwn ar yr hen ddaear yma.' Ie, Wil druan. Beth fyddai ei ymateb petai wedi gweld ehangder Texas neu Wastadedd Canterbury?

Heddiw, wrth i mi eistedd yn y grug dan y coed ar Benbwlch mae'r myfyrio'n wahanol iawn, yn peri i mi gofio am droedio palmentydd a swyddfeydd ymhell o'r fawnog a'r brwyn. Ychydig a feddyliais y noson honno yng nghwmni John Jenkins, pan ymaelodais â'r Ffermwyr Ifanc, y byddai'r digwyddiad yn dod i chwarae rhan mor bwysig yn fy mywyd.

Yn Hydref 2006 roedd y mudiad yn dathlu ei ben-blwydd yn 70 oed a'r egni i'w weld o hyd yn byrlymu drwy'r corff. I hogyn o fryniau Aberteifi rhoddodd y mudiad gyfle i mi gystadlu, i lwyfannu ac ysgwyddo pob math o gyfrifoldebau. Yn bennaf, rhoddodd y cyfle i mi fod yn Drefnydd Sir Drefaldwyn pan oedd gwir angen swydd arnaf. Cefais ddysgu byw gyda dieithriaid, dysgu siarad yr iaith fain, dysgu arwain, a deall y pwysigrwydd o arwain tîm. Dysgais gan yr ifanc fod y llinell rhwng mwynhau a mynd dros ben llestri yn un fain iawn, ac mor bwysig oedd meithrin y gwahaniaeth. Fel y newidiodd cefn gwlad, bu newid yn yr aelodaeth a chynnwys rhaglenni gweithgaredd y mudiad. Ond yr un mwynhad sydd i'w gael o hyd wrth weld datblygiad yr aelodau, yn enwedig pan fo rhywun yn gallu cymryd rhan fechan o'r clod am hynny. Yn sicr, bydd atgofion melys gennyf o'r mudiad tra byddaf ar yr hen ddaear yma.

Hyd nes i mi ddychwelyd i sir Aberteifi i ymgymryd â swydd arall, nid oeddwn, mae'n debyg, yn ymwybodol gymaint oeddwn i wedi'i ddysgu gyda'r mudiad ym Maldwyn. Rwy'n falch o'r profiad a gefais o gael mynd i'r gwahanol ffermydd: am y croeso, a'r cyfle i helpu. Ac fe ddaeth cyfleon tebyg i'm rhan ym mhob un o'r swyddi y cefais fy hun ynddynt wedyn, wrth gwrs.

Fel ym mhob carfan o bobol mae yno bob amser afal drwg. Eto, o blith yr ychydig hyn y cefais fy addysg orau. Wrth ddod ar draws ambell unigolyn felly daeth y cyfle i werthfawrogi'r gweddill, sef trwch y gymuned amaethyddol.

Bûm yn ffodus yn ystod fy ngyrfa i mi allu gwireddu'r freuddwyd o helpu pobl ifanc i ddatblygu sgiliau eang, a hynny drwy gyfrwng yr iaith Gymraeg. Heddiw, gwelaf lawer o'r rhain mewn swyddi cyfrifol, eraill yn ffermio eu hunain a rhai wedi mynd dramor er mwyn ennill bywoliaeth. Tybed beth fyddai'r cyfanswm pe bydden nhw i gyd yn dod at ei gilydd?

Bellach mae'r cylch yn gyfan a finne'n ôl ar y tir, gan

esgyn i'r tŵr yn Llanelwedd bob Gorffennaf. Braf fyddai bod wedi cael barn yr hen Wil Roberts ar fy nhaith hir.

Wedi croesi'r deg a thrigain, mae rhywun yn dueddol o ddechrau dyfalu i ble mae'r llwybr yn arwain, a beth, tybed, fydd ei hyd. Rwyf bellach wedi ffermio'r tyddyn ym Mhennal gan godi defaid lliw, cobiau Cymreig a chŵn defaid ers nifer dda o flynyddoedd.

Mae'r gwaith yn dal yn fwynhad, ond serch hynny mae'n mynd yn galetach o hyd. Rwy'n ystyried dechrau cwtogi ar nifer y defaid gan, efallai, wneud i ffwrdd â'r Torddu gan gadw dim ond y Torwen a'r Balwen. Hwyrach y dylwn hefyd feddwl am gwtogi ar nifer y cobiau, neu ystyried cadw adran lai fel y merlod o deip y cob. Ond na, ddim eto.

Rwy'n dal hefyd i gadw cŵn ifanc, er bod eu bwydo a'u trin a'u glanhau yn mynd yn fwy o waith beunydd. Mae'r wefr o weld ci ifanc yn dechrau cadw ei ddefaid a dangos fflach o aeddfedrwydd yn dal ynof, ac yn codi'r ysbryd weithiau. Serch hynny, mae codi'n gynnar ar fore oer yn Chwefror er mwyn mynd allan i wyna a Mari'n gynnes braf yn y gwely, a sgelcian wrth fôn clawdd berfedd nos yn llwydrew mis Mai i wylio caseg yn geni ebol, yn gwneud i rywun feddwl o ddifri am ei ddyfodol.

Dylwn, hwyrach, eistedd wrth y tân yn darllen y papur. Eto, does gan y *Western Mail* na'r *Cymro* ddim i'w gynnig i'w gymharu â gweld oen yn cael ei eni â marciau perffaith arno, neu weld geni eboles a honno'n un smart. Heb y rhain, beth fyddai gen i o ran sgwrs wrth bwyso ar y llidiart i siarad â Sam Evans neu Hugh Roberts, neu wrth eistedd ar geulan yr afon yn siarad ar draws y llif â

John Parry? Heb y defaid, chawn i ddim cyfle i fynd i Lanelwedd i werthu neu brynu hwrdd. Heb y cesig chawn i ddim cwmni Hugh Aberffrydlan wrth deithio'r wlad yn mynd â'r gaseg at y march. Heb gŵn, tebyg na fyddai gen i'r un diddordeb mewn mynd i dreialon cŵn defaid. Ni fyddai chwaith fawr o bwrpas mewn mynd dros Benbwlch i'r mynydd uwchlaw Ystrad Fflur i hel defaid heb gi neu ddau wrth fy sawdl.

Ac o sôn am Ystrad Fflur, roeddwn i i lawr yno rhyw wythnos yn ôl yn cneifio, ac fel arfer daeth y cwestiwn mawr i'r wyneb: a ddylwn i symud yn ôl i'r hen fro? Treuliais chwarter canrif hapusaf fy mywyd yn troedio daear Ystrad Fflur. Ond a ydi'r gorffennol yn achos digon teilwng at y presennol a'r dyfodol? Wrth yrru'r defaid yn ôl dros Benbwlch wedi'r cneifio, ni welwn ond adfeilion o'r gorffennol. Fferm Pantyfedwen bellach yn eiddo'r Comisiwn Coedwigaeth ac o dan goed bron i gyd. Y brain a arferent nythu wrth y cannoedd o gwmpas y tŷ wedi hen ddiflannu. A'r hen Mrs Lloyd, y cawn fy nhalu am edrych ar ôl ei chathod, bellach ym mhridd y fynwent.

Dyma gofio haf 1948, a finne'n dod o hyd i hen gloddfa Geltaidd gyda cherrig beddau arbennig ar dir Pantyfedwen, lle gynt doedd dim i'w weld. Y cyfan, mae'n debyg, wedi eu gwthio allan o'r ddaear gan rew eithriadol 1947. Wnes i ddim byd am rai wythnosau ond arwain pobl bwysig at y lle, pob un yn ceisio bod yn fwy deallus na'r un o'i flaen. Ar draws y ffordd safai fferm Grofftau, cartre Dafydd Morgan, lle'r oedd tiroedd wedi ehangu drwy i'r Talwrn gael ei ychwanegu ato. Yno y byddwn i a Charles Cornwal yn mynd i ddwyn gwsberis yn eu tymor, a'r rheiny'n aeddfed, yn goch ac yn felys. I fyny ar fryn y Grofftau hefyd tyfai swp o rug gwyn, a ninnau'n cael ein rhybuddio gan Dafydd i gadw'r peth yn gyfrinach. Ac er i'r fferm, ers blynyddoedd bellach, fod yn eiddo i'r Comisiwn, mae'r grug gwyn, yn ôl y sôn, yn dal yno.

Ymlaen wedyn at Fwlchgraig, ac edrych i fyny at Hafod Newydd ar y bryncyn uwchlaw. Dafydd Morgan arall, a adwaenid fel Defi gan bawb, a drigai yno – un o'r dynion addfwynaf a gwrddais ag ef erioed. Bob noson gneifio byddai wrth fy ochr ar ei ferlyn wrth i ni hel y defaid yn ôl dros Benbwlch. Doedd dim gwahaniaeth gan Defi beth fyddai'r tywydd – glaw neu hindda, eira neu wynt, ni fyddai dim yn tarfu arno wrth iddo rolio'r baco i greu ffag, a honno mor denau â choes matsien.

O Fwlch y Graig codai'r ffordd yn serth nes cyrraedd Tŷ'n Garreg, lle mae adfeilion hen gartref yn mynd yn ôl hyd yn oed cyn dyddiau'r coed pinwydd sy'n nodi'r fan. O'r fan hon, yn enwedig cyn dyddiau'r coed, medrai rhywun weld Blaenglasffrwd, yr enw'n dynodi tarddiad yr afon Glasffrwd. Hynodrwydd arall a berthynai i'r fferm oedd bod yr hyn a elwid yn flaen y tir yn arllwys dŵr i'r cyfeiriad arall, allan o'r gors, ar ffurf nant fechan i gychwyn. Dyma gychwyn afon Tywi, a fferm arall sydd yn nwylo'r Comisiwn Coedwigaeth. Yma eto daw atgofion lu. Wil yn brysur cyn cneifio yn llunio clwydi pren o goed cyll. Tom, ei frawd, wrthi'n gwau rheffyn at wneud coler merlyn. A Jac, druan, yn y tŷ yn gwneud spils. Roedd nam ar feddwl Jac, a gwae ni os galwem heb losin neu rywbeth melys arall iddo.

Ar ôl pasio pen lôn Blaenglasffrwd, symud ymlaen at

adfeilion Pencarnau. Mae'r enw'n awgrymu y byddai cyfle yma i'r porthmyn a'r gwartheg gynt gael egwyl ar eu ffordd i Abergwesyn ac ymlaen i Loegr. Hwn oedd cartre Poli Pencarnau, menyw fawr oedd â son am ei chryfder drwy'r wlad. Roedd hi'n fam i bedwar o fechgyn, a'r teulu cyfan yn enwog am greu difrod ac achosi cymalau tost i lawer wrth ymladd mewn ffeiriau. Dywedir y gallai Poli gario pwn o flawd can pwys ar ei chefn o'r pentre i fyny i'w chartre, pellter o bum milltir. Tipyn o fenyw.

Dringo wedyn yn araf a maith nes cyrraedd Penbwlch, a chael egwyl i edrych i lawr ar y dyffryn. Heddiw, does dim sôn am fwg yn codi o'r un corn simdde. Does yna'r un fuwch na cheffyl i'w gweld, ond gallaf glywed sŵn sgidiau hoelion ar y gwynt. Wrth ddilyn yr afon i lawr at y mynydd a throi'r defaid allan dros glapiau'r olchfa, dyma edrych i'r dde i gyfeiriad Tywi Fechan, sydd bellach o'r golwg dan goed. Roedd Tywi Fechan yn dŷ cadarn a ddifrodwyd gan y Comisiwn, ond cadarnach fyth oedd ei berchennog, Ifan Davies, cyn i anthracs, y clefyd ofnadwy hwnnw, ei gwympo. Fedrwn i ddim peidio â meddwl beth fyddai'r canlyniad petai Ifan a Poli Pencarnau wedi priodi. Siawns na fyddai'r plant yn gewri'r ugeinfed ganrif! Mae'n bosibl y byddent hyd yn oed wedi llorio'r Comisiwn Coedwigaeth gan chwipio'u tinau â'u coed eu hunain a'u gyrru i lawr y ffordd.

Yn syth ymlaen yr euthum dros Lethr Gwaered, ond yn y cwm roedd Moel Prysgau yntau tan goed, er bod y tŷ wedi ei arbed a'i droi'n lloches i deithwyr ar eu hynt ar hyd yr hen ffordd sy'n arwain i Abergwesyn. Cau llidiart y mynydd a throi'n ôl am adre, ond cyn mynd yn rhyw droi i gyfeiriad Crug Garreglwyd gan hanner ddisgwyl gweld Ned neu Dic John yn ymddangos ar gefn ceffyl. Na, tawel yw'r gorffennol yng Nghwm Glasffrwd heddiw.

Yna yn ôl i lawr i'r Dolau, y llecyn wrth afon Teifi lle gynt byddai'r teulu Lovell, y sipsi 'a'i chwerthin yn llonni'r pant', a hyfryd clywed y llawenydd unwaith eto. Mewn tair carafán llawer mwy modern y tro hwn mae cenhedlaeth newydd fy nheulu i wedi dod yn rhannol i helpu gyda'r cneifio. Minne fel yr hen Lovell gynt yn eistedd fel brenin yn eu canol gyda gwydryn o win coch yn fy llaw a'r barbeciw gerllaw yn ogleuo'n well bob munud. Mererid y ferch, bellach yn fam i ddau fachgen, Iolo a Rhun, a'i gŵr Gareth, wrthi'n troi'r cig a'r selsig rhag llosgi'n gols. Yr ochr draw, Ifer y mab, yntau hefyd yn dad i ddau o blant, Mared a Rhydian, gyda'i wraig Nerys.

Er bod y ddau wedi dilyn cyrsiau prifysgol a bellach wedi ymgartrefu yng Nghaerdydd, gallaf eu dychmygu yma ar lan afon Teifi yn gafael yng ngwreiddiau'r cenedlaethau cynt. Siawns y daw eto o'u mysg law i anwesu ffrwyn cobyn a chymryd diddordeb mewn dafad a chi. Gwelaf hefyd wrth edrych i ddrych y gwin coch fel y bu i'w mam ddychwelyd o Lundain i'r wlad, priodi ffermwr a threulio gweddill ei hoes yn agos at y pridd.

Ar ôl swper af i lawr i'r Blac Leion am ryw jeri-binc, a'r lle yn orlawn. Sefyll lle'r oedd yr hen far bach yn arfer bod, a'r syndod o gael fy adnabod a'm cyfarch bron fel cynt. Mae Dafydd Iwan yn canu yn y Pafiliwn a phobol ifanc ledled Cymru wedi heidio i wrando arno. Minne'n cofio'r amser hwnnw pan ddeuai'r hen Al Roberts a

Dorothy i Neuadd yr Eglwys, a honno'n orlawn o bobol leol. Ond dyna fe, ni all pethau aros yn hollol yr un fath.

Mae'n ddydd Sul, a'r eglwys yn llawn ar gyfer gwasanaeth arbennig, gyda Gwyddelod draw o Abaty Kells i rannu arddangosfa gelf gydag Ystrad Fflur. Yn dilyn yr arddangosfa, dyma Gôr Caron yn cyflwyno datganiad. Y lle'n llawn eto, y lle'n fyw. Wrth droi trwyn y car am Aberystwyth a thu hwnt, gofynnwn i mi fy hun: a ydi'r prysur bwyso wedi dod i ben?

Na, ddim eto. Ond yn sicr mae yna rai cwestiynau eisoes wedi eu hateb.